El jorobado

y otros cuentos de
«Las mil y una noches»

Colección dirigida por

Francisco Antón

El jorobado
y otros cuentos de
«Las mil y una noches»

Versión
Brian Alderson

Ilustraciones
Michael Foreman

Traducción
José Luis López Muñoz

Actividades
Agustín Sánchez Aguilar

Vicens Vives

Primera edición, 2000
Reimpresiones, 2001, 2002, 2003
2004, 2005, 2005; 2006, 2006
Novena reimpresión, 2007

Depósito Legal: B. 24.805-2007
ISBN: 978-84-316-5923-3
Núm. de Orden V.V.: Y-905

Deseamos expresar nuestra gratitud a todos los alumnos y las alumnas de enseñanza primaria y secundaria que nos han ayudado a elaborar la presente selección de cuentos, y, en especial, a los estudiantes de los centros "Agustí Serra", de Sabadell, e "Investigador Blanxart", de Terrassa.

IMPRESO EN ESPAÑA
PRINTED IN SPAIN

Editorial VICENS VIVES. Avda. de Sarriá, 130. E-08017 Barcelona.
Impreso por Gráficas INSTAR, S.A.

Índice

El jorobado y otros cuentos

El jorobado

y otros cuentos de
«Las mil y una noches»

El jorobado

Cuentan que hace muchos siglos vivió en una ciudad de la China un sastre muy rico que llevaba una vida tranquila y placentera. Todas las tardes salía a pasear con su esposa, y ambos buscaban de calle en calle los modos más extraños de divertirse. Un día, el sastre y su mujer se toparon con un jorobado que trabajaba como bufón del rey,[1] y se echaron a reír al ver su deforme figura y su manera alocada de cantar y bailar. Tras conversar alegremente con él durante un rato, el sastre y su esposa lo convidaron a cenar. De manera que los tres se encaminaron a casa, y, al pasar por el mercado, el sastre se detuvo para comprar pescado frito, pan y limones, además de unos dulces para el postre.

Entre bocado y bocado prosiguió la animada conversación, pero, en mitad de la cena, y con la intención de reírse del joro-

---

1 **bufón**: antiguamente, una especie de payaso encargado de hacer reír a los grandes señores a quienes servía; los bufones solían ser personas muy ingeniosas y con alguna limitación o defecto físico, como enanos y jorobados.

bado, la esposa del sastre cogió un filete grande de pescado y se lo metió a su invitado en la boca al tiempo que le decía:

—¡Por Alá![2] Te vas a tragar este bocado de una sola vez y sin masticarlo.

El jorobado, obediente, engulló[3] lo que le daban sin rechistar. Pero en el filete había una gran espina que se le clavó en la garganta y acabó por asfixiarlo.

Grande fue la consternación[4] del sastre y de su esposa al ver que el jorobado había muerto.

—¡Que Alá nos ampare! —exclamó el sastre—. ¿Cómo es posible que una broma sin malicia pueda acabar con la vida de un hombre? ¡Menuda la hemos hecho!

—¡Deja ya de lamentarte! —respondió su esposa—. Todo tiene solución en esta vida.

—¿Ah, sí? ¿Y qué solución se te ocurre para librarnos de la cárcel?

—Te diré lo que vamos a hacer: cubriremos al jorobado con una colcha de seda y entre los dos lo llevaremos a casa del médico. Por el camino, irás diciendo a gritos: «¡Es nuestro hijo, es nuestro hijo! ¡Ha enfermado de viruela[5] y vamos en busca de un médico que lo cure!».

Así lo hicieron, y la gente que pasaba por la calle hacía todo lo posible por evitarlos, pues temía el contagio de la viruela. Finalmente, llegaron a la casa de un médico judío y, tras abrirles la puerta una esclava negra, le dijeron que llevaban a un niño enfermo de un mal desconocido.

—Ten esta moneda de plata y ve a decirle a tu amo que ba-

2 **Alá**: entre los musulmanes, 'Dios'.
3 **engullir**: tragar algo muy deprisa y sin haberlo masticado.
4 **consternación**: pena y disgusto muy grandes.
5 **viruela**: enfermedad contagiosa que deja cicatrices redondas en la piel.

je de inmediato —suplicó la mujer del sastre—. Se trata de un caso muy urgente.

Mientras la esclava iba a buscar a su amo a todo correr, el sastre y su esposa subieron al jorobado por la escalera, lo apoyaron contra una pared y regresaron a casa tan deprisa como pudieron.

El médico estaba cenando en compañía de su mujer, pero, cuando vio la moneda de plata que le traía la esclava, se puso en pie de un salto y bajó corriendo para reconocer al enfermo, convencido de que debía de pertenecer a una familia adinerada.[6] Por culpa de las prisas y de la oscuridad, no reparó[7] en el cadáver del jorobado, de manera que tropezó con él, lo derribó y lo hizo rodar escaleras abajo con un enorme estruendo.

—¡Un candil![8] —exclamó el médico—, ¡tráeme un candil!

Cuando la joven esclava le acercó una lámpara, el médico vio el cadáver del jorobado tendido en el suelo y pensó que había muerto a consecuencia de la caída.

—¡Por Moisés y Josué![9] —gritó—. ¡He matado a un jorobado!

Y, después de subir en dos zancadas las escaleras, se presentó ante su esposa lloriqueando y tirándose de los pelos.

—¡Deja ya de quejarte! —exclamó la mujer del médico—. ¡Y no te quedes ahí plantado como un pasmarote! No hay nada que no tenga arreglo en esta vida. No te preocupes. Subiremos al jorobado a la azotea y desde allí lo arrojaremos al jardín de nuestro vecino, aquel musulmán que es cocinero del rey. Ya sabes que su casa está infestada[10] de ratas y que los

---

6 **adinerada**: rica. Los cuentos tradicionales suelen pintar a los judíos como personas avariciosas.

7 **no reparó**: no se dio cuenta, no vio.

8 **candil**: lámpara de aceite.

9 **Moisés** y **Josué** fueron dos importantes guías espirituales de los judíos.

10 **infestada**: invadida, repleta.

gatos y los perros entran en ella para comerse los alimentos que almacena en el patio. Esos bichos están hambrientos, así que se comerán el cadáver en un santiamén y no dejarán ni rastro del maldito jorobado.

De manera que el médico y su mujer subieron al muerto a la azotea y lo dejaron caer hasta el jardín del cocinero.

Al cabo de un rato, el musulmán regresó a su casa. Abrió la puerta, encendió una vela y se dirigió a la cocina. Desde allí miró hacia el jardín, y entre las sombras descubrió la silueta del jorobado.

—¡Dios todopoderoso! —se dijo—. ¡Así que no son ratones sino hombres quienes me roban la manteca y la carne!

Sin pensárselo dos veces, el cocinero cogió una estaca, se acercó al jorobado y le propinó tal estacazo en la cabeza que el muerto rodó por el suelo tres o cuatro veces. Al ver que el ladrón no reaccionaba, el musulmán encendió una vela y se la acercó a la cara.

—¡Está muerto! —gritó horrorizado—. ¡Malditas sean la manteca y la carne y malditos los jorobados que se dedican a robar! ¡Ampárame, Dios mío, bajo tu manto protector!

Pero el cocinero comprendió enseguida que lamentarse no servía de nada, así que decidió aprovechar la oscuridad de la noche para deshacerse del cadáver. Tras comprobar que no pasaba nadie por la calle, se cargó al jorobado a la espalda y lo llevó hasta la entrada del mercado. Una vez allí, apoyó el cadáver contra una pared, para que la gente pensara que el ladrón era un borracho que estaba durmiendo la mona. Luego, el cocinero puso pies en polvorosa.[11]

11 **puso pies en polvorosa**: huyó.

comprueba *comprobar*

Poco después pasó por el mercado un cristiano que era administrador del sultán.[12] Había estado bebiendo más de la cuenta desde el anochecer, y la borrachera le hacía tambalearse de un lado a otro de la calle. Cuando llegó frente a la pared en que estaba apoyado el jorobado, decidió detenerse a orinar. De reojo, le pareció distinguir la figura de un hombre a su lado. Pensando que debía de ser el mismo bribón que poco antes le había robado el turbante,[13] el cristiano levantó la mano y le propinó un tremendo puñetazo. «Actuar primero, preguntar después», se dijo. El jorobado se derrumbó al primer golpe, y el administrador se le echó encima como un loco furioso, al tiempo que lo aporreaba y pedía ayuda a gritos:

—¡Aquí la guardia, aquí la guardia!

A las voces acudió el sereno con la lámpara y el chuzo[14] y separó a los dos hombres. Aunque el administrador borracho explicó que el jorobado lo había atacado primero, la única conclusión evidente era que el bufón estaba muerto.

—¿Cómo se atreve un cristiano a matar a un musulmán? —le reprochó el sereno al administrador mientras lo maniataba[15] por la espalda.

—¡Jesús, María y José! —dijo entre lágrimas el cristiano, que se recuperó en seguida de la borrachera—. ¿Cómo he podido matar a un hombre de un simple puñetazo?

El sereno condujo al administrador a la casa del valí,[16] donde lo encerró en una mazmorra[17] hasta el amanecer. Durante

---

12 **sultán**: en los países de religión musulmana, 'príncipe'.
13 **turbante**: tira de tela que se enrolla en la cabeza para formar un gorro.
14 **chuzo**: palo que tiene un pincho de hierro en un extremo.
15 **lo maniataba**: le ataba las manos.
16 **valí**: en los países islámicos, 'gobernador de una provincia'.
17 **mazmorra**: calabozo o celda de cárcel que está construida por debajo del nivel de la calle.

la larga noche, el administrador no cesó de repetirse: «¡Y todo por un simple puñetazo!».

Por la mañana, el valí interrogó al cristiano y decidió condenarlo a muerte. Tras montar el patíbulo,[18] el verdugo pregonó la sentencia, y una gran multitud se congregó frente a la casa del valí para presenciar la ejecución del cristiano. Pero, cuando el verdugo se disponía a ahorcarlo, el cocinero musulmán surgió de entre la multitud y exclamó:

—¡Alto! ¡Alto! ¡No fue él quien mató al jorobado! ¡Fui yo!

Y pasó a relatar cómo lo había encontrado merodeando[19] por su patio, dispuesto a robarle su manteca y su carne.

—Muy bien, cambiemos de condenado —le dijo el valí al verdugo—. Ahorca al cocinero, pues ha confesado su delito.

Pero, justo cuando el verdugo acababa de rodear con la soga el cuello del nuevo culpable, apareció el médico judío dando gritos:

—¡Alto! ¡Alto! ¡No fue él quien mató al jorobado! ¡Fui yo!

Y contó cómo lo había derribado escaleras abajo en su prisa por ganarse las monedas de plata de sus nuevos clientes.

—Muy bien, cambiemos de condenado —le dijo el valí al verdugo—. Ahorca al médico, pues ha confesado su delito.

El verdugo pasó la soga del cuello del musulmán al cuello del judío, pero mientras lo hacía resonó la voz del sastre entre la multitud:

—¡Alto! ¡Alto! ¡No fue él quien mató al jorobado! ¡Fui yo!

Y procedió a contar la triste broma del filete de pescado.

—¡Este caso hará historia! —exclamó el valí, asombrado; y, dirigiéndose al verdugo, añadió—: Cambiemos una vez más

18 **patíbulo**: tablado sobre el que se ejecuta a los condenados a muerte.
19 **merodear**: acudir a un sitio varias veces con la intención de curiosear o robar.

de condenado. Deja al judío y ahorca al sastre, pues ha confesado su delito.

—Así lo haré —refunfuñó el verdugo—, pero, al paso que vamos, me huelo que hoy me quedaré sin ahorcar a nadie.

Mientras tanto, en la corte, el sultán echó de menos al jorobado, pues era su bufón predilecto y el que más lo hacía reír. Cuando preguntó a los cortesanos por él, le dijeron:

—Hemos sabido, majestad, que lo han llevado ya cadáver al valí y que su asesino ha sido condenado a morir en la horca. Pero, cuando el verdugo estaba a punto de ejecutarlo, han aparecido, uno tras otro, tres hombres que se han confesado culpables del crimen.

La historia despertó la curiosidad del sultán, quien ordenó a su chambelán[20] que bajara al patíbulo, suspendiera la ejecución y condujera a palacio a todos los implicados en el suceso. Al poco rato, el sastre, el médico, el cocinero y el administrador se presentaron ante el sultán en compañía del valí, quien explicó con todo detalle la historia del jorobado. El sultán la escuchó partiéndose de risa, y ordenó que se escribiera con letras de oro en el libro del reino para mantenerla viva en la memoria de la gente.

—Porque —añadió—, ¿habéis oído algo más extraordinario que las cuatro muertes de mi jorobado?

Como si respondiera a un desafío, el administrador se adelantó y dijo:

—Si me lo permitís, majestad, yo puedo contaros una historia mucho más maravillosa y sorprendente que la del jorobado.

—Está bien —respondió el sultán—. Oigamos esa historia.

---

20 **chambelán**: persona noble que acompaña y sirve al rey.

Entonces, el administrador relató la historia de un mercader que se encontró con un ermitaño[21] en el desierto. El ermitaño le mostró un ungüento[22] y le dijo: «Si te lo aplicas en el
ojo izquierdo, este ungüento mágico te permitirá ver todos los
tesoros escondidos bajo el desierto, pero si te lo aplicas en el
ojo derecho, quedarás ciego para siempre». El mercader respondió, extrañado: «Es imposible que ese ungüento tenga dos
virtudes tan contrarias», y acto seguido se untó el ungüento
en el ojo izquierdo, y descubrió todos los tesoros ocultos bajo
el desierto. Pero, no contento con ello, el mercader se untó después la pomada en el ojo derecho, y quedó ciego para siempre
por culpa de su extremada codicia.[23]

Aunque aquel caso era asombroso, el cocinero aseguró que
conocía otro mucho más sorprendente.

---

21 **ermitaño**: persona que se ha apartado de la gente para vivir pobremente
en un lugar solitario.
22 **ungüento**: pomada.
23 **codicia**: deseo muy grande de riquezas.

19

—Cuéntalo —le ordenó el sultán.

Y el cocinero relató la historia de un anciano que todas las mañanas se encargaba de pesar las aguas curativas del mar de Sabarchada, para asegurarse de que durante la noche nadie había robado ni una sola gota de agua. Pero, un día, una princesa sacó un jarro de agua del mar para aliviar los males de un enfermo, y, cuando el anciano pesador echó en falta el agua, denunció a la princesa, quien fue condenada a muerte por culpa de su generosidad.

Cuando el cocinero calló, el médico afirmó que conocía una historia aún más asombrosa que la del musulmán y la del cristiano. Como el sultán dijo que deseaba oírla, el judío relató la historia de un labrador que consiguió hacerse invisible comiéndose un racimo de dátiles azules, y de ese modo pudo visitar el palacio del califa[24] sin ser visto. Pero, al cabo, el efecto de los dátiles pasó, y el labrador fue descubierto y encarcelado por el resto de sus días.

Cuando el médico acabó su relato, el sultán dijo:

—Ninguna de las historias que habéis referido es tan asombrosa como la del jorobado, así que solo me queda ordenar que os ahorquen a los cuatro.

—Antes de que eso ocurra —replicó el sastre—, permitidme que os cuente una historia que encierra mayores prodigios[25] que cualquiera de las que habéis oído.

—Cuéntala —ordenó el sultán—, pero si tu historia no es más asombrosa que la del jorobado, los cuatro seréis ejecutados sin más demora.[26]

---

24 **califa**: en los países islámicos, 'soberano o rey descendiente de Mahoma'.
25 **prodigio**: suceso increíble.
26 **demora**: retraso.

Entonces el sastre explicó que, en las horas previas a la muerte del jorobado, había asistido al convite de bodas de uno de sus colegas, al que estaban invitados todos los sastres, los hilanderos de la seda, los carpinteros y demás artesanos de toda la ciudad. Al banquete acudió un joven muy bien parecido, aunque cojo de una pierna. Nada más entrar en la sala, el muchacho reparó en uno de los invitados: un barbero de piel oscura. Tan pronto como el joven cojo lo vio, dio media vuelta y quiso abandonar la fiesta.

—Pero, ¿qué te ocurre? —le preguntó el anfitrión—.[27] ¿Acabas de llegar y ya quieres irte?

—No te enfades, te lo ruego —replicó el joven—, pero he jurado no permanecer nunca en la misma ciudad que ese barbero de piel oscura y mal agüero.[28] Me marché de Bagdad para no tener que toparme con él, ¡y mira por dónde me lo encuentro aquí! Por su culpa me quedé cojo.

Cuando los comensales[29] lograron convencerle para que diera más detalles sobre aquel asunto, el joven contó que, algún tiempo atrás, se había enamorado de una de las hijas del juez de Bagdad. Con mucho ingenio se las arregló para concertar una cita secreta con ella, que habría de tener lugar mientras el padre de la muchacha rezaba en la mezquita.[30] Antes del encuentro, el joven quiso recibir los cuidados de un barbero, así que pidió que le llevaran al más discreto[31] de cuantos trabajaban en Bagdad. Pero cuáles no serían su sorpresa y su desesperación cuando se presentó en su casa un barbero que,

---

27 **anfitrión**: persona que tiene invitados en su casa.
28 **de mal agüero**: que trae mala suerte.
29 **comensal**: cada una de las personas que comen en una misma mesa.
30 **mezquita**: templo musulmán.
31 **discreto**: que sabe guardar secretos.

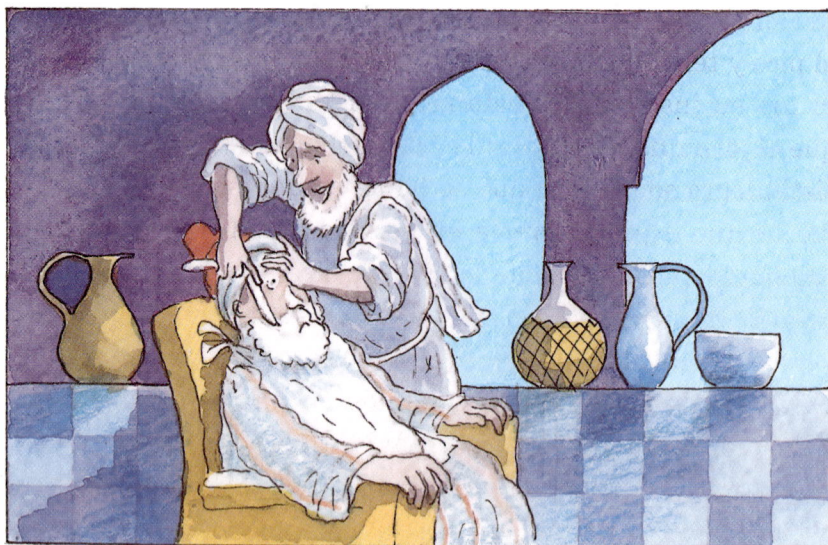

a pesar de que se hacía llamar «el Silencioso», presumía de poseer amplios conocimientos en todas las ciencias y hablaba sin descanso de lo divino y de lo humano.

—Además de ser el barbero más famoso de Bagdad —le dijo—, conozco a la perfección todos los secretos de la astrología, la gramática,

la lógica,

la medicina,

la poesía,

la retórica,

las matemáticas,

la arquitectura

y la teología.[32]

Para demostrarlo, el barbero habló largo rato de todas y cada una de aquellas materias, con lo que provocó la desespe-

---

32 **retórica**: arte de hablar con precisión y belleza; **teología**: ciencia que trata de Dios y la religión.

ración de su cliente, quien no paraba de repetirle que cerrase el pico y terminara de una vez su trabajo. Es más: no contento con su insoportable cotorreo,[33] el barbero quiso saber por qué el joven había requerido[34] sus servicios, y, a fuerza de insistir, logró sonsacarle que se había enamorado de la hija del juez y que esperaba verla en secreto aquella misma tarde. Aunque parezca increíble, el barbero acabó por acompañar al enamorado hasta la casa del juez, adonde finalmente llegaron ambos con mucho retraso. Pero lo peor todavía estaba por llegar, pues la torpeza y la indiscreción[35] del barbero provocaron que el joven fuera descubierto en el dormitorio de su amada, por lo que tuvo que emprender una rápida fuga, a consecuencia de la cual se rompió una pierna.

El barbero, pues, había sido para el muchacho la causa de un sinfín de desgracias, así que no era de extrañar que el joven no quisiera volver a verlo y que desease abandonar la fiesta en que acababa de encontrarlo.

El barbero trató entonces de defenderse de las acusaciones del invitado cojo, pero con sus palabras no hizo más que demostrar que el joven estaba muy cargado de razón, pues, además de disertar[36] durante largo rato sobre su fama de hombre silencioso, explicó a todos los presentes seis pesadas e interminables historias acerca de cada uno de sus seis hermanos, a quienes identificó por sus respectivos defectos: el cojo, el tuerto, el mutilado, el ciego, el desorejado y el bizco. Aturdidos[37] por la insoportable charlatanería del barbero, el sastre y

---

33 **cotorreo**: lo que hace quien habla demasiado.
34 **requerido**: solicitado, pedido.
35 **indiscreción**: lo que hace quien descubre un secreto de otra persona.
36 **disertar**: hablar con mucho detalle sobre un asunto.
37 **aturdidos**: atontados.

sus amigos decidieron encerrarlo en un cuarto oscuro y lleno de ratas, donde tendría que permanecer hasta que se le enfriase la lengua.

—Debo admitir que has logrado asombrarme con tu relato —declaró el sultán—. Pero, dime, ¿dónde se encuentra ese barbero del que me has hablado? Te confieso que me gustaría conocerlo antes de tomar una decisión sobre vosotros cuatro.

Para satisfacer al sultán, los chambelanes fueron en busca del barbero, lo sacaron del cuarto de las ratas y lo llevaron a palacio. Una vez allí, le explicaron la historia del jorobado y de sus múltiples asesinos.

—Verdaderamente —dijo el barbero retorciéndose de risa—, hay motivos de asombro en toda muerte, ¡pero la de este jorobado merece sin duda escribirse en letras de oro!

—¿Qué quieres decir? —preguntó el sultán, muy sorprendido por aquellas palabras.

—¡Que este jorobado muerto está muy vivo!

Entonces el barbero pidió que destaparan el cadáver, se acercó a él, sacó de su bolsa un ungüento con el que embadurnó[38] el cuello del jorobado y, con la ayuda de unas pinzas, le sacó la espina del cuello. Acto seguido, el jorobado estornudó y se incorporó como si nada hubiera ocurrido. El suceso dejó estupefactos[39] a todos los presentes, y el sultán lo consideró el mayor de los muchos prodigios de aquel día.

—¡Por Alá! —dijo—. ¡Es la primera vez que veo resucitar a un muerto!

Sin perder un instante, el sultán ordenó a sus escribas[40] que anotasen aquella historia en sus libros y obsequió con ge-

---

38 **embadurnó**: untó.
39 **estupefactos**: tan sorprendidos que no saben qué hacer ni decir.
40 **escriba**: antiguamente, 'copista', 'persona que escribía textos ajenos'.

nerosidad al judío, el cristiano y el cocinero por haberle hecho pasar un rato tan entretenido.

En los días que siguieron, y durante muchos años, el jorobado siguió bromeando en presencia del sultán, de la misma manera que el sastre sastreó, el médico medicó, el cocinero cocinó, el administrador administró y el barbero barbeó hasta que vino en su busca, para cada uno a su debido tiempo, la que acaba con la felicidad y la vida.[41]

---

41 Esto es, 'la muerte'.

Un precio justo

Se dice que en una ocasión el califa Harún al-Rasid, acompañado por Yafar, su gran visir,[1] salió a dar un paseo por las afueras de la ciudad, cuando he aquí que ambos vieron a un viejo beduino[2] que descansaba recostado sobre el lomo de su asno y a la sombra de un árbol.

—Acércate al beduino —le dijo el califa a Yafar—, y gástale alguna broma.

—Majestad, si hago lo que me pedís, lo más probable es que vaya a por lana y salga trasquilado.[3] Ya sabéis cómo se las gastan los beduinos.

1 **Harún al-Rasid** fue emperador (**califa**) del imperio islámico a finales del siglo VIII. Aparece en muchos cuentos de *Las mil y una noches*, donde se dice de él que fue un hombre sabio al que le gustaba conocer bien a su pueblo, para lo cual se disfrazaba a menudo de campesino o mercader y se mezclaba entre la gente acompañado de su **gran visir** ('primer ministro').

2 **beduino**: miembro de una tribu nómada (es decir, sin residencia fija) que habita en Arabia, Siria y el norte de África.

3 **ir por lana y salir trasquilado**: expresión que se emplea cuando alguien quiere molestar a alguien y es él quien resulta burlado.

—¡Déjate de historias y vamos a reírnos de él!

De modo que a Yafar no le quedó más remedio que obedecer a su señor. El visir se acercó al beduino y le preguntó de qué lugar procedía y adónde se dirigía. El anciano miró al visir de pies a cabeza, se incorporó en su asno y respondió:

—Soy de Basora, y me dirijo hacia Bagdad con la esperanza de conseguir alguna medicina para mis ojos.

—¡Hoy es tu día! —exclamó Yafar—, porque he aquí que has encontrado a los vendedores del mejor colirio[4] de este reino. ¿Cómo nos recompensarás si conseguimos curarte tu enfermedad?

—Me esforzaré por pagaros exactamente lo que valga vuestro remedio —replicó el beduino.

—Escucha entonces la receta —le dijo Yafar—: Has de tomar tres onzas[5] de soplo de viento, tres onzas de rayos de sol, tres onzas de luz de luna y un pellizco de luz de vela. Mézclalo todo bien y guárdalo durante tres meses en un lugar oscuro. Luego coloca la mezcla en un mortero[6] sin fondo, la machacas bien hasta obtener un polvo muy fino, y después depositas el polvo en un colador, donde habrá de reposar otros tres meses. Pasado ese tiempo, expón la mezcla al aire en un cuenco durante tres meses más, y quedará lista. Habrás de echarte tres gotitas de la medicina en cada ojo todas las noches mientras duermes y, si Dios quiere, quedarás curado y restablecido al cabo de dos años.

Después de escuchar pacientemente la receta hasta el final, el beduino se recostó sobre el lomo de su asno y dejó esca-

---

4 **colirio**: medicamento líquido que se aplica en los ojos.

5 **onza**: treinta gramos.

6 **mortero**: vaso ancho en el que se machacan especias o semillas para hacer salsas o ungüentos.

par un pedo terrible que resonó por toda la inmensidad del desierto.

—¡He aquí el justo pago por tu remedio! —exclamó.

La respuesta del beduino hizo mondarse de risa a Harún al-Rasid, quien ordenó que le entregaran de inmediato al anciano una recompensa de tres mil piezas de plata.[7]

---

7 Según *Las mil y una noches*, el califa **Harún al-Rasid** era un apasionado de los buenos cuentos, por eso se mostraba muy generoso cuando le relataban uno que era de su agrado o cuando le explicaban una historia que le hacía reír.

La bolsa sin fondo

Un día entre los días, hace ya muchos siglos, el califa Harún al-Rasid se retiró a descansar en su dormitorio del palacio de Bagdad, pero, por más que lo intentó, no pudo conciliar el sueño;[1] de manera que mandó llamar al persa Alí para que le distrajera un rato.

A pesar de su juventud, Alí había viajado por todo el mundo, por lo que siempre tenía historias divertidas y asombrosas que explicar.

—Puesto que deseas olvidar tus muchas preocupaciones —dijo el persa—, voy a contarte la increíble y divertida historia de la bolsa sin fondo. Verás, hace unos años decidí visitar Egipto, y en el viaje me hice acompañar por un muchacho que transportaba mis pertenencias en una bolsa.

»Pero he aquí que un día, recién llegados a una ciudad de Armenia, y mientras yo regateaba en un puesto del mercado,

---

1 **conciliar el sueño**: dormirse.

un individuo se apoderó de la bolsa que el chico, distraído, acababa de dejar en el suelo.

»—¡Mi bolsa! —exclamó el desvergonzado—. ¡Por fin la he recuperado!

»El muchacho reaccionó en seguida para defender mis pertenencias, y empezó a forcejear[2] con aquel bribón que, por su aspecto y su habla, debía de ser curdo.[3]

»—¡Auxilio, auxilio, ayudadnos! —exclamé yo a grandes voces—. ¡Que nos roban!

»En un momento se formó a nuestro alrededor un círculo de gente que atendía, curiosa, a la disputa que se entabló entre el curdo y yo sobre la propiedad de la bolsa.

»—¡Devuélveme esa bolsa, gusano carroñero —le insulté, enfurecido—, o haré que te conduzcan ante el cadí[4] para que te corten la mano derecha!

»—¡Contén esa sucia lengua, cerdo apestoso! ¡Esta bolsa es mía y nada más que mía!

»—¡Esa bolsa es tan tuya como la oreja de mi abuelo! —exclamé mientras zarandeaba al curdo por los hombros—. ¡Devuélvemela enseguida, perro sarnoso!

»—¡Este asunto tiene que resolverse en el juzgado! —intervino finalmente un espectador lleno de sentido común.

»Así que, escoltados por una comitiva[5] de curiosos, nos encaminamos a ver al cadí.

»—¿Qué os trae aquí y cuál es el motivo de vuestra disputa? —nos preguntó el juez.

---

2 **forcejear**: hacer fuerza para vencer a alguien.
3 **curdo**: persona que ha nacido en el Kurdistán, una región de Asia que abarca varios países.
4 **cadí**: en los países árabes, 'juez'.
5 **comitiva**: conjunto de personas que acompañan a alguien.

»—Que Dios proteja a su señoría —se adelantó a declarar el curdo—. Resulta que este vagabundo persa ha intentado robarme la bolsa. Anoche la perdí y hoy, en el mercado, la he visto en poder de estos dos forasteros que, con toda la caradura del mundo, aseguran que es suya.

»—¡Mentira! —exclamé, exaltado—. La bolsa es mía, y este muchacho que me acompaña puede atestiguarlo,[6] puesto que ha cargado con ella desde que salimos de Bagdad.

»—Calma, calma, que enseguida averiguaremos la verdad —dijo el cadí; y, dirigiéndose al curdo, le preguntó—: Veamos, si la bolsa es tuya, sabrás decirnos lo que contiene, ¿no?

»—¡Cómo no! —contestó el curdo—. Puedo enumeraros con todo detalle cada uno de los objetos que hay en ella. Mi bolsa

---

6 **atestiguarlo**: declararlo, confirmarlo.

contiene un cuchillo, un tenedor, una cuchara, una botella de leche, un libro, un látigo para el camello y una bandera.

»—¡Eso no es cierto! —exclamé lanzando una mirada feroz al curdo—. En mi bolsa encontrará una caja de tizas, cuatro dátiles, dos puñales, cuatrocientas doce monedas, un espejo, dos babuchas y unas semillas.

»—¡No me has dejado terminar!... —bramó el curdo, dirigiéndose a mí en tono amenazador—. Mi bolsa contiene asimismo: dos pinceles de plata y un recipiente de colirio para los ojos, un pañuelo que envuelve dos tazas doradas y dos candelabros,

dos tiendas de campaña con dos platos, dos cucharas y un cojín,

dos tapetes de cuero, dos jarros y una bandeja de bronce,

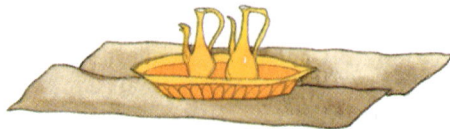

dos escudillas, dos jarras de agua y un caldero con un cucharón,

dos sacos, dos sillas de montar y una aguja,

dos ovejas, dos corderos y una cabra,

dos perros, dos perras y una gata,

dos pabellones verdes con un camello y dos camellas,

una osa, una leona y dos leones,

dos chacales y un colchón,

dos sofás y un edificio con dos torres,

dos templetes y un toldo, y una multitud de curdos que darán fe de que la bolsa es mía.

»Luego el cadí se volvió hacia mí y dijo:

»—Bien, y, según tú, ¿cuál es el contenido de la bolsa?

»Yo había quedado aturdido por el desparpajo y la osadía del curdo y, para no ser menos que él, dije:

»—Que Alá proteja a su señoría, pero, a decir verdad, la bolsa solo contiene: una casita medio derruida y una perrera,

una escuela de niños con unos muchachos que juegan a los dados,

varias tiendas de campaña con sus cuerdas y estacas,

una forja de herrero y una red para pescar,

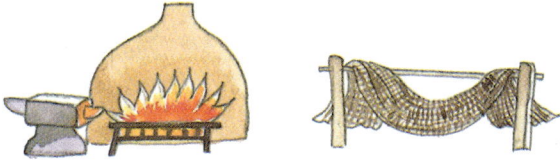

y las ciudades de Bagdad y de Basora, con el castillo de Saddad ibn Ad, y mil ciudadanos que darán fe[7] de que la bolsa es mía.

»—¡Falso, todo eso es falso! —gritó el curdo al borde de la desesperación—. La bolsa, señor juez, contiene los objetos que yo he dicho y otros muchos que he olvidado mencionar.

»Entonces, el curdo continuó recitando otra extensa lista de todas las cosas que había olvidado, a lo que yo solo pude responder con otra relación de igual o mayor longitud.

»El cadí, con la boca abierta y una mirada de estupefacción,[8] no podía creer que lo que estaba viendo y oyendo fuera real, de manera que se pellizcó en la pierna para asegurarse de que aquello no era un sueño. Al fin reaccionó:

»—¿Acaso pretendéis burlaros de la justicia? —exclamó—. Ya veo que no sois más que dos personas sin escrúpulos, veni-

---

7 **darán fe**: os asegurarán, constatarán.
8 **estupefacción**: sorpresa muy grande.

das hasta aquí para hacer perder el tiempo a todos los cadíes de este bendito reino. Porque en ningún lugar del mundo, desde China hasta Persia ni desde la India hasta Sudán, ha oído nadie hablar jamás de una bolsa tan sin fondo como ésta. ¿Acaso contiene también a toda la humanidad y a todos los resucitados del Juicio Final?

»Y, sin más tardanza, ordenó a un criado que abriera la bolsa, y todo lo que apareció fue: un trozo de queso, un limón y dos aceitunas.

»—¡Vaya!, creo que os debo mis más sentidas disculpas —me dijo el curdo, haciéndome una reverencia—. Sin duda he cometido un lamentable error, pues ésta no es desde luego mi bolsa. ¿Podríais perdonarme por todas las molestias que os he causado?

»—¿Cómo no voy a perdonaros si yo he cometido la misma equivocación? —dije, devolviéndole la reverencia—. También yo he confundido esta bolsa con la mía. Confío en que sepáis disculparme por haberos tratado de un modo tan grosero.

»—No tiene la menor importancia, amigo.

»Y, diciendo esto, el curdo me estrechó fuertemente la mano, y ambos abandonamos la sala cogidos del brazo mientras el cadí abría los ojos como platos al vernos marchar en tan buena armonía y olvidados por completo del saco, el trozo de queso, el limón y las dos aceitunas.

El lobo y la zorra

Hace algún tiempo un lobo y una zorra decidieron vivir juntos en una misma cueva. Pero muy pronto el lobo empezó a mostrarse cruel con la zorra, haciéndola siempre de menos como si fuese su esclava, y rechazando todos sus ofrecimientos de amistad. La zorra soportó los malos tratos del lobo con santa resignación,[1] pero a la larga se dijo para sus adentros: «Este maldito lobo no tiene arreglo. O yo acabo con él o será él quien acabe conmigo».

A los pocos días, la zorra descubrió un viñedo cercado por una valla. Con gran alborozo,[2] advirtió que en el muro había una brecha por la que se podía entrar en el viñedo. Pero, cuando estaba a punto de atravesar el agujero, pensó: «¿Y si fuese una trampa? Los hombres son astutos: seguro que han abierto esa brecha para cazarme». De modo que la zorra decidió obrar con toda cautela: metió lentamente la cabeza en el

---

1 **resignación**: paciencia.
2 **alborozo**: alegría.

agujero y descubrió que, en efecto, el propietario de la viña había cavado al otro lado un pozo muy hondo y lo había cubierto con unas ramas, para capturar a cualquier animal que quisiera robarle sus uvas.

—¡Alabado sea Dios! —exclamó la zorra mientras retrocedía de golpe—. No se engaña quien afirma que la prudencia es la mitad de la inteligencia. ¡Ojalá el lobo cayera en esta trampa! No solo me libraría de él, sino que podría quedarme con todas las uvas del viñedo para mí sola.

Así que la zorra regresó a su cueva y le dijo al lobo:

—¡Enhorabuena! Dios te ha dejado abierto un camino para que entres en una viña cargada de uvas.

—¿De veras? —respondió el lobo con tono burlón—. ¿Y cómo puede saber una cosa así alguien tan ignorante como tú?

—Porque he ido a la viña y he comprobado con mis propios ojos que el propietario ha muerto. Ahora mismo vengo de pasearme por entre las vides, que están cargadas de uvas. ¡Demonios, qué gusto da rondar por allí con entera libertad!

Cegado por la gula,[3] el lobo echó a correr hacia el viñedo, mientras la zorra lo seguía a corta distancia. Cuando los dos animales llegaron ante la brecha del muro, la zorra dijo:

—¡Desde luego, no dirás que no hemos tenido suerte! Entra por ahí, deprisa.

Entonces el lobo lanzó un aullido de alegría, saltó con todas sus fuerzas a través de la brecha y cayó como un necio en la trampa tendida por el dueño de la viña. Al instante, la zorra se asomó al borde del hoyo y, al comprobar que el lobo aullaba de pena, no pudo reprimir unas lágrimas de felicidad.

---

3 **gula:** lo que hace que una persona siga comiendo cuando ya no tiene hambre, solo por el gusto de comer.

—Ya veo, querida zorra —dijo el lobo—, que te entristece contemplar con cuánta crueldad me ha tratado el destino. Por favor, ayúdame a encontrar alguna forma de salir de aquí.

—No me malinterpretes, amigo lobo —replicó la zorra—. Te aseguro que no lloro por lástima, sino por la alegría que me causa haberme librado de ti. ¡Tenía tantas ganas de verte ahí, en el fondo de ese hoyo...!

—¡Qué rencorosa eres! ¡Nunca pensé que fueras capaz de hacer algo así!

—Has recibido el castigo que merecías: la gula y la arrogancia[4] han sido tu perdición. Adiós, me voy.

—No me abandones, por favor —suplicó el lobo—. Avisa al menos a mis familiares para que vengan a buscarme...

—¿Estás loco? —rió la zorra—. Ni por todo el oro del mundo te sacaría de ahí. Quien la hace la paga.

Pero el lobo no desistía:

—No seas rencorosa y escúchame: si me sacas de aquí olvidaremos nuestras viejas rencillas[5] y viviremos como dos buenos amigos en la cueva. Te aseguro que nunca más volveré a maltratarte.

—¿De veras crees que vas a engatusarme[6] con esas falsas promesas? Ya te he dicho que no pienso ayudarte. ¡Apáñate como puedas! ¡Hasta nunca!

El lobo comprendió que la zorra tenía un corazón de piedra y que no iba a apiadarse de él, así que se echó las zarpas a la cabeza con gesto desesperado y decidió encomendarse a Dios.

---

4 **arrogancia**: actitud de quien se cree tan importante que desprecia a los demás.

5 **rencillas**: peleas, riñas.

6 **engatusar**: conseguir que alguien haga lo que uno quiere diciéndole, para convencerlo, cosas que le gusta oír.

—¡Ay de mí! —exclamó el lobo—. ¡Estoy perdido! ¡Que Dios tenga piedad de mi alma y me perdone por los muchos pecados que he cometido! Si me sacas de este hoyo, Señor —dijo mirando al cielo—, te aseguro que no volveré a agraviar[7] a la zorra ni a ser cruel con los más débiles.

Al escuchar aquellas humildes palabras, la zorra no pudo evitar un estremecimiento de emoción. Extrañada por la devoción[8] del lobo, se acercó a la fosa y estuvo a punto de caer en ella. Aunque enseguida recuperó el equilibrio, su cola quedó colgando hacia el interior del hoyo. Nada más verla, el lobo tiró de ella, y la zorra cayó dentro de la fosa.

—¡Ya te tengo, zorra despiadada! —gritó el lobo—. ¿Creías que te burlarías de mí sin recibir ningún castigo? Pues ya ves que no. Hace un momento estabas ahí arriba, riéndote a mandíbula batiente, pero ahora te encuentras aquí abajo, una vez más a mi merced.[9] Ten la seguridad de que voy a poner fin a tu vida antes de que me veas muerto.

---

7 **agraviar**: ofender.
8 **devoción**: religiosidad.
9 **a mi merced**: sometida a mi voluntad.

Mientras el lobo la amenazaba, la zorra se puso a pensar en un modo de salir de allí. «¡Maldita sea!», se dijo, «he vuelto a caer en la trampa de este tirano.[10] Tendré que utilizar toda mi habilidad y mi astucia para librarme de sus garras».

—Pero, ¿de veras has pensado que no iba a sacarte de aquí? —le dijo al lobo—. ¡He lanzado mi cola a propósito para que pudieras subir por ella y escapar de este hoyo terrible!

—¿Me tomas por tonto?

—¡Nada de eso! —negó la zorra con calma—. Me pregunto por qué serás tan desconfiado conmigo. Yo te he tenido siempre por mi mejor amigo, y todavía te considero como tal. Por otra parte, ¿qué ganas con matarme? ¿Quién te sacará entonces del hoyo? Hazme caso y lograremos salvarnos los dos. Tengo una idea estupenda para salir de aquí.

—¿Ah, sí? —desconfió el lobo—. ¿Y de qué idea se trata?

—Es muy sencillo. Si tú te levantas en toda tu estatura y yo trepo por tu espalda, podré alcanzar el borde del hoyo, y, de un salto, estaré fuera. Después, iré a buscar algo a lo que te puedas agarrar para que tú también salgas de aquí.

—No me fío ni un pelo de ti —confesó el lobo—, aunque ahora no me queda otro remedio. Pero te advierto que si me traicionas mi venganza será cruel. ¡Venga, encarámate a mi espalda!

La zorra subió con agilidad sobre la espalda del lobo y saltó hacia el exterior como una castaña puesta al fuego.

—Vamos, no te entretengas —le dijo el lobo desde el fondo del hoyo—. Ve a buscar ayuda enseguida.

Entonces la zorra asomó la cabeza por el borde del hoyo y gritó entre risas:

---

10 **tirano**: persona que abusa de su poder.

—¡Escúchame, dos veces embustero! ¡Arrepiéntete de verdad, porque nunca más volveré a fiarme de ti! ¿Cómo has podido creer que deseara salvarte? ¡Ahí te quedas, lobo del demonio!

Liberada por fin de su enemigo, la zorra se encaramó al muro que rodeaba la viña y desde allí lanzó unos gritos ensordecedores[11] para llamar la atención de los campesinos, que se lanzaron tras ella nada más verla. Sin embargo, la zorra logró huir con una veloz carrera. Lo único que pretendía era atraer a los labradores hasta la viña para que descubrieran al lobo en el fondo del hoyo. Apenas lo vieron, los campesinos se armaron de palos y piedras y golpearon al animal hasta matarlo. La zorra, mientras tanto, dio un rodeo y se acercó cautelosamente[12] al otro extremo de la viña, donde comió un racimo de uvas tras otro hasta quedar empachada.

---

11 **ensordecedores**: que dejan sordo.
12 **cautelosamente**: con cuidado y prudencia.

Las babuchas fatídicas[1]

Hubo una vez en El Cairo un boticario[2] que era casi tan famoso por su riqueza como por su tacañería. De Abu Kásim se decía que había nacido con los brazos demasiado cortos, porque las manos nunca le llegaban a los bolsillos. «¿Para qué sirve el dinero si no es para gastarlo y dárselo a quienes no lo tienen?», piensa la mayoría de la gente. Sin embargo, Abu Kásim prefería enterrar su dinero o esconderlo en los armarios. Tal vez creía que, si el dinero se entierra, germina[3] en un árbol que da monedas en lugar de frutos, o quizá pensaba que el oro sirve para perfumar la ropa guardada en los cajones.

Pero, precisamente a causa de su tacañería, la ropa de Abu Kásim no tenía nada de perfumada. ¡Bien al contrario! El boticario se había pasado la mitad de su vida con los mismos

---

1 **babuchas**: zapatillas de cuero, sin talón, como las que usan los árabes; **fatídicas**: que anuncian o traen desgracias.
2 **boticario**: persona que prepara y vende medicamentos. **El Cairo** es la capital de Egipto.
3 **germinar**: empezar una semilla a convertirse en planta.

calzones, que remendaba una y otra vez, y se bañaba con la camisa puesta para no tener que enviarla a la lavandería.

Con todo, eran sus babuchas las prendas que mejor reflejaban la tacañería del boticario. Abu Kásim las había llevado durante veinte años. Para gastar lo menos posible, cada vez que se le agujereaban las remendaba con tiras de cuero sujetas con clavos de cabeza redonda, por lo que sus pies parecían una pareja de armadillos,[4] y las suelas de sus babuchas eran tan gruesas como el cráneo de un rinoceronte.

Con el tiempo, las babuchas de Abu Kásim sirvieron como punto de comparación en las casas y los salones de El Cairo. La gente decía: «Esta sopa es tan densa como la babucha izquierda de Abu Kásim» y «Los pasteles de mi suegra son tan pesados como las babuchas de Abu Kásim», o «Estos huevos huelen tan mal como la babucha derecha de Abu Kásim» o «Ese chiste es tan viejo como las babuchas de Abu Kásim». Dicho en pocas palabras: todo el mundo en El Cairo conocía a fondo el calzado de Abu Kásim y la razón por la que sus babuchas eran tan grandes y pesadas.

Una mañana muy agradable de principios del verano, el boticario decidió darse su baño turco de todos los años. Al llegar al *hammam*,[5] Abu Kásim iba radiante de felicidad, pues el sol de aquel día maravilloso le parecía una enorme moneda de oro y los arneses[6] relucientes y tintineantes de los camellos le recordaban las monedas al chocar entre sí.

---

4 **armadillo**: mamífero del tamaño de un gato que está protegido por un caparazón muy duro formado por diversas capas óseas.

5 El **baño turco** consiste en meterse en cámaras muy calientes para sudar mucho, y a continuación ducharse con agua caliente primero y fría después. El *hammam* es el nombre que recibe, entre los árabes, la casa de baños, adonde los musulmanes acuden para lavarse, purificarse y conversar.

6 **arneses**: correas, cadenas y argollas que se les ponen a las caballerías.

Tras dejar sus babuchas en el escalón de entrada de los baños y confiar su túnica al dueño del *hammam*, Abu Kásim permitió que los esclavos de los baños le hicieran sudar como un cerdo, le rasparan las muchas capas de roña que llevaba pegadas al cuerpo, lo dejaran en remojo durante un buen rato y lo perfumaran. Cualquier persona con menos presencia de ánimo[7] o resignación hubiera evitado aquella repugnante tarea, pero los esclavos del baño turco se enorgullecían de conseguir lo imposible. Y no hay duda de que aquel día lo lograron, pues Abu Kásim salió de los baños más limpio que el oro.

Mientras tanto, un rico mercader que acababa de regresar de Persia decidió visitar el *hammam* para relajarse después de tan largo viaje. Así que ató sus mulas y camellos en la puerta y dejó sus babuchas en el escalón que daba entrada a los baños, donde estaba el calzado de Abu Kásim. Al verlo, el mercader le dijo al dueño del *hammam*:

—No pienso compartir baño con el puerco de Abu Kásim, así que ponme en uno distinto al suyo. Y, si me permites un consejo, quita de la entrada sus apestosas babuchas, pues de lo contrario ahuyentarás[8] a todos tus clientes.

El dueño de los baños pensó que el mercader tenía razón, así que decidió esconder las malolientes babuchas de Abu Kásim. Como le daba asco tocarlas, se valió de un largo palo para levantarlas, y después las depositó en un extremo de la galería, donde nadie pudiera verlas.

Cuando Abu Kásim salió de los baños, no encontró sus babuchas en el escalón de entrada, sino las del mercader, que eran nuevas y muy bonitas, pues habían sido confeccionadas con piel de becerro y con la mejor seda de China.

---

7 **presencia de ánimo**: serenidad.
8 **ahuyentarás**: harás huir, alejarás.

—¡Milagro! —exclamó—. Alá sabía que siempre he querido tener unas babuchas como éstas y que estaba dispuesto a comprármelas en cuanto me lo pudiese permitir. Por eso ha obrado un milagro y ha transformado mis viejas babuchas en estas dos preciosidades. ¡Gloria a Alá, que ha decidido ahorrarme unos buenos dineros con su infinita sabiduría!

Después de calzarse las babuchas del mercader, que le iban como anillo al dedo, Abu Kásim regresó corriendo a su casa, donde su cocinera estaba preparando la comida. «¡Qué extraño!», se dijo la buena mujer. «¡Es la primera vez en treinta años que no he oído los pasos de mi amo mientras se acercaba por la calle!».

Mientras tanto, el mercader salió de los baños, y no logró encontrar su calzado. Olfateando el aire, se dio cuenta de que las babuchas de Abu Kásim no estaban lejos, así que las buscó hasta dar con ellas. Al encontrarlas en la galería, gritó con indignación:

—¿De modo que así es como ha hecho fortuna ese granuja de Abu Kásim: robando a las personas honradas? ¡Pues ahora mismo voy a darle su merecido!

De manera que el mercader regresó a su casa y les pidió a todos sus camelleros y esclavos que lo acompañaran a la botica de Abu Kásim. Una vez allí, derribaron la puerta, agarraron al sorprendido avaro por el pescuezo y le dieron una buena paliza.

—¡Y ahora llamaré a los alguaciles[9] —dijo el mercader—, y tendrás que pasar unos cuantos meses en la cárcel!

Los alguaciles no tardaron en llegar.

—Solo mantendremos la boca cerrada —le dijeron a Abu

---

9 **alguacil**: empleado del ayuntamiento, policía.

Kásim— si nos entregas diez mil dinares.[10] De lo contrario, te llevaremos ante el cadí[11] y él te dará el castigo que mereces. ¡Así se te acabarán las ganas de ir por ahí robándoles las babuchas a las personas honradas!

De modo que Abu Kásim tuvo que desprenderse de diez mil dinares para que los alguaciles le dejaran en paz.

—Y, por lo que a mí respecta —le dijo el mercader al marcharse—, ¡puedes quedarte con tus apestosas babuchas!

Y se las tiró a la cabeza.

Abu Kásim empezó a sollozar.

—¡Todo esto es por culpa vuestra! —les gritó a sus viejas babuchas, que, como es lógico, no se defendieron—. ¡No quiero veros nunca más!

Así que Abu Kásim las lanzó con todas sus fuerzas por encima de la tapia de su jardín. Pero el destino quiso que las babuchas fueran a caer sobre una anciana que pasaba por la calle. Como eran dos armatostes de cuidado, la pobre mujer quedó tan aplastada como una galleta.

Cuando los familiares de la viejecilla supieron lo ocurrido, corrieron entre llantos e insultos a la calle de Abu Kásim.

—¡Asesinos, asesinos! —gritaban.

Al poco rato, llegaron los alguaciles.

—¡Aquí está el arma del delito! —exclamó uno de ellos al descubrir junto a la anciana muerta las babuchas de Abu Kásim—. ¡Ese maldito boticario es el asesino!

En aquel preciso instante el tacaño salió de su botica para pedirle a la gente que dejase de alborotar, pues los gritos le impedían concentrarse en su trabajo.

---

10 **dinar**: moneda antigua de oro.
11 **cadí**: juez.

—¡Ahí está el criminal! —gritaron los alguaciles.

De modo que ataron al boticario con cadenas y se lo llevaron a la cárcel.

El juicio se celebró aquella misma tarde. Los parientes de la anciana muerta reclamaron que Abu Kásim fuese condenado a muerte, pero una ley de El Cairo fijaba el valor de una vida en veinte mil dinares, así que el boticario pudo evitar la horca pagando aquella elevada suma.

Pero, como comprenderéis, para Abu Kásim fue tan doloroso desprenderse de veinte mil dinares como recibir veinte mil azotes o veinte mil picaduras de avispa. El boticario se pasó todo un día aullando de dolor y pateando sus antiguas babuchas para castigarlas hasta que al fin le sangraron los pies. Después, se dirigió con ellas a la orilla del Nilo[12] y las arrojó a la corriente del río con la esperanza de no volver a verlas nunca más.

Las babuchas flotaron río abajo, pero el hedor[13] que despedían era tan infecto[14] e insoportable que los peces morían asfixiados y quedaban panza arriba en el agua. Al cabo, los dos trastos quedaron atrapados en las redes de un pescador tan fuerte como un toro, pues estaba acostumbrado a arrastrar redes llenas de atunes sin ayuda de nadie.

—¡Maldita sea! —exclamó el pescador al ver que los clavos de las babuchas se habían enganchado entre las redes y las habían roto—. ¡Diez mil maldiciones para ese perro miserable de Abu Kásim!

Y es que el pescador habría sido capaz de reconocer las babuchas del boticario entre un millón de babuchas distintas.

---

12 El **Nilo** es el río que atraviesa Egipto de sur a norte.
13 **hedor**: olor muy malo y fuerte.
14 **olor infecto**: olor a podrido.

Después de arrastrarlas hasta la orilla, el pescador se dirigió con ellas a la botica de Abu Kásim.

—¡Aquí tienes tus repugnantes babuchas! —le dijo.

Abu Kásim miró con pavor[15] aquellos dos monstruos que chorreaban agua, pero quedó especialmente aterrado por el corpachón del pescador, que parecía capaz de levantar en vilo treinta caballos con cada una de sus manos. Como nadie puede escapar del destino que Alá le impone, Abu Kásim tuvo que soportar que el pescador lo agarrara por los pies y se dedicara a ablandar su cabeza contra la puerta de la botica del mismo modo que ablandaba los calamares y los pulpos contra las rocas del Nilo.

—¡Y ahí tienes tus dos porquerías! —dijo el pescador a modo de despedida, al tiempo que lanzaba las babuchas de Abu Kásim contra las estanterías de su botica y destrozaba multitud de botes de valiosos minerales y hierbas.

_____

15 **pavor**: miedo muy grande.

51

Abu Kásim tardó varias horas en recuperarse de los golpes recibidos. Cuando al fin pudo levantarse, arrastró las babuchas hasta el jardín y cavó un agujero para enterrarlas.

—¡Que Dios se vengue cumplidamente[16] de vosotras, monstruos despiadados! —les decía entre sollozos—. ¡Nunca más volveréis a perjudicarme!

Al oír los gritos de Abu Kásim, los vecinos se asomaron a las ventanas y descubrieron al boticario cavando una fosa en su jardín. Como ya era de noche, pensaron: «Ese viejo avaro ya no sabe dónde esconder su dinero. Seguro que se le han acabado las tablas del suelo y ahora ha decidido enterrar sus monedas en el jardín, pues de lo contrario no se pondría a cavar a estas horas».

Cuando Abu Kásim despertó a la mañana siguiente y se asomó por la ventana de su dormitorio, se encontró en su jardín con una muchedumbre provista de picos y palas. Eran personas de todas las edades, razas y calañas,[17] que estaban cavando con furia en su jardín en busca del tesoro escondido y habían arrasado con todas las plantas medicinales de Abu Kásim. Niños de corta edad zarandeaban montones de tierra en cedazos[18] de metal, y zahoríes[19] con ramitas curvas en la mano iban y venían por los surcos de su melonar.

—¡Buscad, buscad! —les decía un padre de familia a sus hijos—. ¡Seguro que el dinero no debe estar muy abajo!

—¡Escuchadme, por favor! —gritó Abu Kásim desde la ventana—. ¡No vais a encontrar dinero en el jardín! ¡Lo único que he enterrado son mis babuchas!

---

16 **cumplidamente**: completamente.
17 **calaña**: naturaleza, buena o mala, de una persona.
18 **cedazo**: utensilio formado por un aro que lleva tensada una tela metálica en uno de sus extremos y sirve para separar lo gordo de lo fino.
19 **zahorí**: persona que puede descubrir lo que está oculto bajo tierra.

Pero nadie le hizo caso. Por eso el boticario tuvo que bajar al jardín y desenterrar las babuchas.

—¿Veis como no os engañaba? —dijo.

—Muy bien —respondió un hombre alto y fuerte como un elefante—. Pero, ¿no creerás que vamos a irnos de aquí con las manos vacías? Tendrás que pagarnos una moneda de oro a cada uno por las molestias que nos has causado.

Abu Kásim comprendió que debía pagar si no quería ser linchado por aquella multitud, así que tuvo que desprenderse de ciento cincuenta y cuatro monedas de oro para perder de vista a los hombres, las mujeres y los niños que habían invadido su jardín.

«¡No puedo más!», lloriqueó el boticario. «¡He de librarme de estas malditas babuchas como sea, o acabarán por arruinarme la vida!». De modo que se alejó de El Cairo en busca de un lugar donde hacerlas desaparecer. Después de caminar muchas leguas, encontró una presa que le pareció apropiada para arrojar sus malhadadas[20] babuchas.

—¡Hasta nunca! —gritó mientras las lanzaba al agua con verdadera rabia.

Pero, por desgracia, al otro lado de la presa había un molino. Cuando las compuertas de la presa se abrieron, las viejas babuchas se acercaron a la rueda del molino y quedaron enganchadas en ella. Como aquellos dos armatostes tenían el grosor del cráneo de un hipopótamo, acabaron por destrozar el engranaje del molino, que se paró de golpe. Cuando el molinero examinó la maquinaria para averiguar el origen de la avería, descubrió las infaustas[21] babuchas de Abu Kásim.

---

20 **malhadadas**: desgraciadas.
21 **infaustas**: infelices, desgraciadas.

—¿Así que todo es culpa de ese boticario de tres al cuarto? —se dijo, comprendiendo lo que había sucedido.

Todo el mundo sabe que los molineros no se andan con chiquitas. Son gente de hombros anchos y con el cuerpo más recio que el de una ballena, ya que se han pasado la vida levantando sacos de trigo. Cuando el molinero encontró a Abu Kásim a la orilla de la presa, lo levantó en vilo como si fuera un monigote y lo arrojó sin piedad al agua.

Por fortuna, los alguaciles llegaron antes de que Abu Kásim pereciera ahogado, pero lo obligaron a pagar los daños causados en el molino.

—Y eso no es todo —dijo el capitán de los alguaciles—, porque, si no me entregas ahora mismo treinta dinares, te denunciaré ante el cadí y acabarás tus días en la cárcel.

De modo que Abu Kásim tuvo que deshacerse de las últimas monedas que le quedaban.

—¡Y llévate contigo tus babuchas! —dijo el molinero.

Abu Kásim miró aquellos dos trastos y dijo entre sollozos:

—Desventuradas, malditas, eternas babuchas, causantes de todas mis desgracias, ¿vais a seguir llevándome a patadas hasta la tumba?

Decidido a librarse de una vez por todas de su calzado, Abu Kásim se presentó aquella misma tarde ante el cadí, y, agitando las dos babuchas sobre su cabeza, exclamó entre lágrimas pero con voz firme:

—Delante de testigos anuncio, y quiero que la noticia se sepa por todas las regiones del Nilo, que acuso a mis babuchas de maldad y premeditación[22] y declaro solemnemente

---

22 **premeditación**: falta que comete quien hace un daño a sabiendas y tras haberlo pensado mucho.

que las repudio.[23] De hoy en adelante no tendré trato alguno con ningún tipo de calzado, sea el que sea. Abu Kásim ya no es propietario de ninguna babucha. Éstas dos me han dejado sin dinero, pero ¿qué más da? ¡Ahora solo quiero perderlas de vista! Por eso ruego a su señoría que en adelante no considere a Abu Kásim responsable de las fechorías[24] que pueda cometer cualquier tipo de calzado.

Acto seguido, Abu Kásim dejó caer las babuchas delante del cadí y se marchó corriendo, descalzo, maldiciendo a toda la tribu de los zapatos, así como a la familia de los borceguíes, las abarcas, las alpargatas, las zapatillas y las almadreñas,[25] mientras, en la sala del tribunal, el cadí se reía tanto y con tanta fuerza que acabó por caerse del estrado.[26]

---

23 **repudio**: rechazo.
24 **fechoría**: maldad.
25 **borceguíes**: calzado que llegaba más arriba del tobillo, abierto por delante, y que se ajustaba con correas o cordones; **abarcas**: calzado que consiste en una suela de cuero que se sujeta al pie con cuerdas o correas; **almadreñas**: zapato de madera de una pieza.
26 **estrado**: tarima o plataforma sobre la que se coloca el juez.

Un burro y su burro

Un individuo muy corto de mollera[1] caminaba un día llevando a su burro del ronzal[2] cuando tuvo la desgracia de tropezarse con dos bribones.

—Voy a birlarle el asno a ese desgraciado —dijo uno de los pícaros.

—¿Y cómo lo piensas hacer? —replicó el otro.

—Mira bien y lo verás con tus propios ojos.

Así que el pícaro que había lanzado el desafío se acercó con sigilo[3] al simple, se colocó a la altura del burro y, aprovechando que el campesino no miraba, retiró el ronzal del animal y se lo colocó en la cabeza. Después, siguió caminando como si él fuese el asno, mientras su compañero se alejaba hacia la ciudad con el burro robado.

---

1 **corto de mollera**: tonto, necio.
2 **ronzal**: cuerda que se ata al cuello o la cabeza de los caballos o asnos con el fin de llevarlos sujetos.
3 **con sigilo**: con cuidado y sin hacer ruido para que nadie se dé cuenta.

Cuando el primer bribón comprobó que su compañero y el asno se habían perdido de vista, se detuvo en seco. El necio tiró del ronzal varias veces, pero fue en balde,[4] así que al final se volvió para ver qué sucedía. Grande fue su asombro al encontrar a un hombre al final de la soga.

—¿Quién eres tú? —preguntó, alarmado.

—¡Cómo! —respondió el pícaro—. ¿Es que no me reconoces? Soy tu burro.

—¡Eso es imposible! —exclamó el simple rascándose la cabeza—. ¡Es imposible!

—No te rompas los cascos: escucha mi historia y lo comprenderás todo. Debes saber que, en tiempos pasados, yo era un borracho empedernido[5] y, cuando el vino me nublaba la

---

4 **en balde**: inútil.
5 **empedernido**: incorregible, sin remedio.

mente y se adueñaba de mi voluntad, me dedicaba a pegarle a mi pobre madre. Mis maldades duraron bastante tiempo, hasta que mi madre suplicó al Altísimo[6] que la protegiera, y, como castigo, Dios me convirtió en burro para que los hombres me golpeasen a mí. Ahora ella debe de estar a punto de morirse, por lo que habrá decidido perdonarme y rogarle a Dios que me devuelva mi antigua forma.

—A decir verdad —exclamó el simple—, no hay majestad ni poder excepto en Dios, el Grande y Misericordioso. Ve con Él, hermano mío, y que a mí me perdone por todo el daño que pueda haberte hecho cabalgando sobre tus espaldas por los caminos, o golpeándote y faltándote al respeto.

El pícaro estuvo a punto de echarse a reír a mandíbula batiente ante la necedad del campesino, pero logró contenerse y salió corriendo hacia la ciudad en busca de su compinche.

Mientras tanto, el simple volvió a su casa. Su esposa lo vio regresar triste y sin burro, así que le preguntó:

—¿Qué te pasa? ¿Dónde está el asno?

—¡Dios mío, si supieras lo que hemos estado haciendo!

Y el necio le explicó a su mujer la historia del asno.

—¡Por Alá! —exclamó la mujer—. ¿Cómo hemos podido tratar con tanta crueldad a un ser humano? ¡Y durante tanto tiempo! Es preciso que pidamos perdón a Dios y que reparemos nuestra culpa dando limosna a todos los pobres.

Así que la mujer del simple comenzó a hacer penitencia[7] mientras su esposo, muy afectado por lo sucedido, se quedó en casa mirando las musarañas.[8] Un día, la mujer se encaró con su marido y le dijo:

---

6 **el Altísimo**: Dios.
7 **penitencia**: deber impuesto como castigo por los pecados cometidos.
8 **mirando las musarañas**: sin hacer nada.

—¿Cuánto tiempo te piensas estar tumbado a la bartola? ¡Levántate y ve al mercado a comprar otro burro!

Aunque de mala gana, el simple obedeció a su mujer y se dirigió al mercado. Una vez allí, se llevó la sorpresa de su vida al descubrir a su antiguo asno entre los animales en venta. Asegurándose de que nadie pudiera verle, el simple se acercó al borrico y le susurró al oído:

—Pobre desgraciado, nunca llegarás a nada. ¡Otra vez has vuelto a emborracharte y a pegarle a tu madre! Pues bien sabe Dios que no seré yo quien te rescate por segunda vez.

Así que el bobo se alejó de su antiguo burro con la felicidad de quien se ha quitado un peso de encima, y fue a comprar otra bestia que le pareció más sobria.[9]

---

9 **sobria**: 'serena, tranquila', pero también, 'moderada a la hora de tomar bebidas alcohólicas'.

El loro fiel

Hubo una vez cierto mercader que se casó con una mujer de extraordinaria belleza. «¡Qué suerte la suya!», diría cualquiera. Pero, debido a su gran hermosura, el mercader se moría de celos pensando en que su esposa pudiera llegar a conocer a otro hombre, por lo que la vigilaba a todas horas y no la dejaba salir de casa ni de día ni de noche.

Un día, sin embargo, el mercader tuvo que atender un negocio de gran importancia en una ciudad distante y se vio obligado a dejar sola a su esposa. De manera que fue al mercado de las aves y, por cien dinares, compró un loro que sabía hablar y lo llevó a su casa para que vigilase a su mujer y le informara a su regreso de cuanto hubiese sucedido en la casa.

Mas he aquí que su mujer se había enamorado de un joven turco, y, tan pronto como partió el marido, su amante se reunió con ella y los dos se dedicaron a comer y beber cuanto les apetecía durante el día y a amarse a lo largo de toda la noche. Cuando el mercader regresó a su hogar, interrogó al loro so-

bre lo que había sucedido en su ausencia, y el ave se lo contó todo sin omitir un solo detalle:

—Señor, un joven turco ha visitado a vuestra esposa y los dos juntos se lo han pasado de rechupete.

Con el corazón comido por la rabia, el comerciante apaleó a su esposa como si fuese un perro sin amo; ella, a su vez, creyó que alguna de sus esclavas la había traicionado, así que las llamó a todas para descubrir y castigar a la delatora.[1] Pero sus esclavas juraron y perjuraron que habían guardado su secreto y acusaron al loro de ser el traidor.

De manera que la siguiente vez que el mercader se ausentó de su hogar, la esposa cambió de planes y, antes de que llegara su amante, dio instrucciones a sus esclavas sobre lo que te-

---

1 **delatora**: chivata.

nían que hacer en torno a la jaula del loro. Una se sentó debajo con un molinillo, y trituró y trituró sin descanso. Otra se situó por encima de la jaula y roció sin parar al loro con agua. Y una tercera corrió por la habitación, deslumbrando al pájaro con un espejo que reflejaba la luz de una lámpara.

Cuando el mercader regresó a la mañana siguiente, le preguntó al loro qué había sucedido en su ausencia, y el pájaro respondió:

—Perdóname, señor, pero nada te puedo contar debido a los truenos y relámpagos que me atormentaron durante toda la noche y al aguacero que cayó sobre mí.

—¡Eso no es posible! —exclamó su dueño—. Estamos en pleno verano y no se han visto nubes ni ha caído una sola gota de agua desde hace mucho tiempo.

Así pues, el mercader pensó que el loro le había mentido y concluyó que el ave que mentía una vez podía mentir dos. «Tal vez acusé injustamente a mi querida esposa», se dijo, e intentó reconciliarse[2] con ella. Pero su esposa le puso una condición:

—Tienes que matar al loro por haber mentido.

El mercader así lo hizo, y siguió creyendo en la inocencia de su bella esposa. Solo cuando, algún tiempo después, vio con sus propios ojos que un joven turco salía del dormitorio de su lasciva[3] mujer, se dio cuenta de lo injusto que había sido con el loro y lamentó que la fidelidad del animal hubiera sido recompensada con la muerte.

---

2 **reconciliarse**: volver a llevarse bien dos o más personas después de un enfado.

3 **lasciva**: que siente un gran deseo sexual.

Cuestión de orejas

Un campesino tenía dos animales: un buey para arar las tierras y un asno para trasladarse a la ciudad. Pero, con los años, las piernas del borrico cada vez se volvieron más perezosas y las del labrador más ágiles, así que, en las escasas ocasiones en que el campesino iba a la ciudad, ya ni se molestaba en ensillar el asno, sino que hacía el camino a pie.

Un día, el buey regresó al establo después de haberse pasado toda la jornada arando. Tenía los huesos molidos, y estaba tan cansado que las rodillas le temblequeaban y la lengua le colgaba por fuera de la boca. En cambio, el asno yacía tendido en una limpia cama de heno,[1] tenía a su lado un pesebre lleno de forraje[2] y se mostraba aseado, gordo y sonriente.

—¡Qué buena vida te das, hermano asno! —le dijo el buey, muerto de envidia—. A mí me duele el lomo de tirar del ara-

---

1 **heno**: hierba segada y seca con que se alimenta el ganado.

2 **pesebre**: cajón de madera donde se pone la comida para los animales; **forraje**: pasto seco o cereales con que se alimenta al ganado.

do, tengo el cuello llagado por la collera,[3] y llevo las pezuñas cubiertas de barro. Tú, en cambio, te pasas el día en el establo, a la sombra, sin más ocupación que pensar y sonreír.

—Tienes razón —respondió el asno—. Pero ten en cuenta que he de sonreír mucho para gastar las energías que me da el pienso. De hecho, me paso el día sonriendo, porque de lo contrario nunca tendría apetito y me moriría de hambre.

El agricultor, que estaba oyendo la conversación desde el corral, se dijo a sí mismo: «¡Pobre buey! Trabaja todo el día sin rechistar. No me extraña que esté desmoralizado. Tal vez tendría que darle una temporadita de descanso».

—Hermano buey —dijo el asno, mientras el labrador seguía escuchando—, Dios te ha dado una cabeza muy grande pero un cerebro demasiado pequeño. Préstame atención y te diré lo que tienes que hacer, si es que puedes oírme con esas orejas tuyas tan pequeñas. Mañana cuando estés tirando del arado, déjate caer en tierra y no te levantes ni siquiera aunque el amo te azote...

—Ya sabes que el amo nunca nos maltrata, hermano asno.

—Mejor aún. Lo que tienes que hacer es jadear y jadear[4] como si te faltara el aire y levantarte con mucha dificultad para volver a caer enseguida.

El buey no acababa de entender de qué le serviría todo aquello, pero decidió seguir el consejo del asno.

—Gracias, hermano —concluyó—. No entiendo qué beneficio obtendré haciendo lo que me dices, pero de todas formas te haré caso. Me has explicado muchas veces que la sabiduría de un animal se mide por el tamaño de sus orejas, así que su-

---

3 **collera**: collar relleno de paja que se pone a las caballerías para sujetar en él los **arreos** (conjunto de correas para enganchar el animal al arado).

4 **jadear**: respirar rápido y con dificultad a causa del cansancio.

pongo que tú debes de ser muy inteligente y que sabes bien lo que más me conviene.

Al día siguiente, mientras araba, el buey se tumbó entre los surcos y se negó a levantarse. El amo no le fustigó,[5] sino que desenganchó el arado, esperó a que el buey se pusiera en pie y condujo al pobre animal hasta el establo. Cuando el labrador se hubo marchado, el asno le dijo al buey:

—Ya ves, hermano, que tenía razón. Gracias a mí te has ahorrado más de media jornada de trabajo. Ahora lo que tienes que hacer es no comer esta noche.

—¿No comer? ¿Y de qué me servirá eso?

—De mucho —advirtió el asno—. Tú hazme caso y esta noche no comas.

A la mañana siguiente, cuando el campesino entró en el establo, vio que el buey no se había comido el pienso y le acarició la cabeza mientras decía:

—Vaya, parece ser que mi pobre buey está enfermo y hoy no puede trabajar…

El asno le hizo un guiño y una sonrisa de complicidad[6] al buey. Pero el labrador añadió:

—Vamos, asno, hoy trabajarás tú en lugar del buey.

De manera que el campesino unció[7] el asno al arado y lo hizo trabajar todo el día. Al atardecer, la bestia tenía los lomos doloridos y sus cansadas pezuñas estaban llenas de barro.

—Ah, hermano asno, ¡qué admirable consejo me diste! —dijo el buey aquella noche—. Hoy no he hecho otra cosa más que mover el rabo para espantar moscas y mirar los rayos de sol que se cuelan por el techo del establo.

---

5 **fustigó**: le golpeó con la *fusta* o látigo, lo azotó.

6 **de complicidad**: de conchabamiento, que demuestra que son aliados.

7 **unció**: ató, sujetó.

El borrico no respondió, porque ya se había dormido. Ni siquiera comió aquella noche: estaba demasiado cansado para hacerlo. De manera que el buey se comió el heno del asno y dejó el suyo sin tocar.

A la mañana siguiente, el labrador vio que el heno del buey estaba intacto.

—Parece que el buey sigue enfermo —dijo en voz alta.

Así que volvió a enganchar al borrico al arado. El pobre animal se vio obligado a trabajar durante todo el día hasta que el cuello se le quedó tan calvo como la cabeza de un buitre y los músculos se le llenaron de tantos nudos como los que tiene una soga.

—Cuánta razón tenías al afirmar que la astucia se mide por el tamaño de las orejas de un animal —dijo el buey aquella tarde—, porque tu consejo ha sido el mejor que me han dado nunca.

El asno no respondió: estaba demasiado cansado para mover la lengua.

Al día siguiente, el borrico trabajó con el arado desde el amanecer. Hacia el mediodía, ya no podía levantar las orejas a causa de la fatiga, y el sudor le corría a chorros rabo abajo. Por la tarde, se tumbó entre los surcos y se negó a levantarse. Entonces, el labrador buscó un látigo y le dio una buena zurra mientras decía:

—Sería una lástima que esta bestia tan débil y estúpida enfermara como el buey. Si me quedo sin animales para tirar del arado no podré cultivar la tierra, empobreceré y no me quedará más remedio que vender a este miserable asno al matarife[7] para que haga con él salchichas para perros.

---

7 **matarife**: persona que mata y descuartiza a las reses en el matadero.

Al oír aquellas palabras, el asno se incorporó enseguida. Desde aquel día, sin embargo, el labrador llevó siempre consigo el látigo, y lo usaba contra el borrico a diestro y siniestro.

Una noche, el asno le dijo al buey:

—Dios te dio un pecho amplio pero muy poco aliento para decir la verdad. Me aseguraste que el amo nunca usaba el látigo, y mis lomos saben muy bien que mentiste.

—Créeme, hermano —replicó el buey—. Nunca en mi vida lo he visto empuñarlo. Te agradezco hasta el infinito que ahora seas tú quien arrastra el arado, porque de lo contrario habría sido yo quien se llevase esos latigazos. ¡Cuánto sufrimiento me has evitado, hermano asno, con tu maravilloso plan!

El borrico no dio más respuesta que un gemido de cansancio, y al instante se quedó dormido de pie.

A la noche siguiente, el asno ideó un plan para dejar de trabajar y, acariciando al buey en el hocico con mucho cariño, le dijo estas palabras:

—¡Ah, mi pobre amigo tan querido! He sabido que el amo ha tomado una decisión horrible con respecto a ti, y el corazón se me ha encogido al conocerla. Me siento culpable por la horrible suerte que te espera.

El buey dejó de engullir su modesta cena, y preguntó con inquietud:

—¿A qué te refieres? ¿Cuál es la suerte que me espera?

—Verás, esta tarde le he oído decir al amo: «Si mañana ese viejo buey no ha mejorado, tendré que venderlo como comida para perros».

El buey se echó a mugir muy lastimeramente y a balancearse como el badajo[8] de una campana.

---

8 **badajo**: pieza que cuelga dentro de la campana y que, al moverse, la golpea.

—¿Qué haré, hermano asno? —dijo—. Siempre me has dicho que la prudencia se mide por el tamaño de las orejas: ¡aconséjame, por favor!

—Te diré lo que más te conviene —respondió el asno—. Cómete todo el forraje que tienes en el pesebre y mañana por la mañana saluda a nuestro amo con alegría para que vea que aún eres un buey joven y sano.

El buey siguió el consejo del asno y, cuando el amo entró en el establo a la mañana siguiente, empezó a moverse de arriba abajo como solo un buey sabe hacerlo. El labrador le acarició la cabeza y abrió la puerta del establo para que los dos animales se asomaran al corral.

—Quiero que los dos veáis lo que he comprado en la feria de ganado —dijo.

El buey y el asno sacaron la cabeza por la puerta del establo y se quedaron de piedra al ver lo que vieron. Era el arado de todos los días, que esperaba en el suelo, pero, unido a los arreos, había un yugo[9] completamente nuevo con un arnés[10] a cada lado. El amo unció al asno junto al buey y se llevó a las dos bestias a sus tierras de labranza mientras exclamaba con una sonrisa:

—Cuánta razón tiene aquella vieja canción que dice:

Las orejas de un hombre
son bien pequeñas
pero todo lo oyen
cuando se empeñan.

---

9 **yugo**: pieza de madera que sujeta los pescuezos de una pareja de animales que han de tirar de algo a la vez.
10 **arnés**: correa con la que el animal queda sujeto al yugo.

70

El tesoro soñado

Érase una vez un mercader que vivía en una espaciosa casa de Bagdad, junto a un huerto de granados. Aunque durante muchos años había gozado de una posición acomodada,[1] de pronto llegaron para él tiempos difíciles, así que tuvo que empezar a ganarse la vida transportando las mercancías de otros por todas las calles de la ciudad.

Pero una noche, mientras dormía, oyó una voz en sueños que le decía: «¡Escucha! Tu fortuna está en El Cairo; ve allí y encuéntrala».

Sin pensárselo dos veces, el mercader se puso en camino y, después de muchos días de viaje, llegó a la gran ciudad. Sin embargo, era ya media noche cuando atravesó las murallas de El Cairo, así que decidió buscar refugio en una mezquita[2] hasta que amaneciera.

---

1 Es decir, 'había vivido holgadamente, con dinero más que suficiente'.
2 **mezquita**: templo musulmán.

Acababa de echarse a dormir cuando una banda de ladrones entró en el templo con el propósito de robar en una casa que había al lado; sus propietarios, sin embargo, descubrieron a los malhechores en pleno delito y pidieron a grandes voces la protección de la justicia. Al oír aquellos gritos, el mercader despertó y los ladrones emprendieron la huida a todo correr.

El cadí[3] y sus hombres de armas no tardaron en acudir al lugar de los hechos y empezaron a registrar por todas partes en busca de los delincuentes. Pero al llegar a la mezquita, la única persona que encontraron fue el pobre mercader de Bagdad que había entrado en el templo para dormir. Creyendo que era uno de los ladrones, los alguaciles lo arrestaron, lo golpearon con varas de palma hasta dejarlo medio muerto y luego lo metieron en un calabozo, donde pasó tres días y tres noches.

Al cabo, el cadí interrogó al mercader.

—¿Quién eres y qué te ha traído a El Cairo? —le dijo.

—Soy un honrado mercader de Bagdad —respondió el preso— que atraviesa tiempos difíciles. Una voz me anunció en sueños que mi fortuna estaba en El Cairo y que debía venir aquí para encontrarla, pero lo único que he hallado ha sido el manojo de varas de palma que con tanta generosidad y contundencia[4] han sido utilizadas contra mí.

El cadí se echó a reír de buena gana y dijo:

—Solo un loco confía en una sombra. Son tres ya las veces que una voz me ha dicho en sueños: «Ve a Bagdad, porque allí, bajo la fuente del patio de una espaciosa casa, junto a un huerto de granados, hallarás un gran tesoro». Pero, ¿crees que

---

3 **cadí**: juez.
4 **contundencia**: dureza.

soy tan necio como para viajar tan lejos en busca de algo por el solo hecho de que me lo ordena un sueño? Ten, toma estos dinares[5] y regresa a tu casa, ¡alma de Dios!

El mercader tomó las monedas y regresó a Bagdad a toda prisa, pues sabía muy bien que el huerto y la casa y el patio y la fuente que había mencionado el cadí eran los suyos. Al llegar a su hogar, cavó bajo la fuente, donde encontró una gran cantidad de oro y perlas y rubíes, tal y como el cadí había soñado. Y a partir de aquel día, el mercader vivió rico y feliz hasta la hora de su muerte.

---

5 **dinar**: moneda antigua de oro.

Alí Babá y los cuarenta ladrones

Una cueva en el bosque

Hubo hace mucho tiempo dos hermanos que vivían en una ciudad del Jurasán persa: el mayor se llamaba Kásim y era flaco y agarrado como una urraca; el pequeño se llamaba Alí Babá y era alegre y rechoncho como una sabrosa manzana.

El destino fue favorable a Kásim, ya que le dio por esposa a la hija de un rico mercader. De esa manera, al morir su suegro, el joven heredó un gran número de propiedades, así como un próspero[1] negocio en el mercado. Kásim demostró ser un comerciante muy astuto, por lo que no tardó en acumular riquezas y en alcanzar un gran prestigio entre los mercaderes de su ciudad.

Por el contrario, su hermano Alí Babá, que era modesto y carecía de ambiciones, se casó con una mujer pobre y tuvo

---

1 **próspero**: que va muy bien, que produce dinero.

que contentarse con el duro trabajo de leñador. Todos los días se internaba en el bosque con tres burros y los cargaba con leña que luego vendía por las calles. Sin embargo, aquel trabajo le daba muy poco dinero, así que llevaba una vida resignada[2] y mísera, y no podía proporcionarle a su hijo las comodidades que hubiese deseado.

Así pasaron los días, y con los días los años, hasta que una mañana, mientras recogía leña en el bosque, Alí Babá oyó un tintineo de bridas[3] y sintió que el suelo se estremecía bajo sus pies por el golpear de los cascos de un gran número de caballos. Pensando que podía tratarse de una banda de forajidos,[4] el prudente Alí Babá ocultó a sus borricos entre la maleza y trepó a un árbol cercano para que nadie pudiera verlo cuando los caballos pasaran por allí.

E hizo muy bien, porque los jinetes eran cuarenta ladrones de rostro feroz que iban armados hasta los dientes. Cuando los forajidos llegaron junto al árbol en el que estaba encaramado Alí Babá, se detuvieron, y el capitán de los ladrones se dirigió a una pared de roca rodeada de matorrales y dijo:

—¡Ábrete, sésamo![5]

Y, al instante, con un ruido como de mil piedras de molino, parte de la roca se corrió hacia un lado, de modo que una gran puerta quedó abierta en la cueva. El jefe, sus hombres y sus caballerías entraron en ella, y después la roca se deslizó hasta cerrarse de nuevo.

«¡Que Dios nos proteja a todos!», se dijo Alí Babá desde lo alto del árbol; y allí se quedó con la esperanza de que a sus

2 **resignado**: el que acepta algo aunque no le guste.
3 **bridas**: correas que se ponen alrededor de la cabeza de un caballo.
4 **forajido**: ladrón, salteador de caminos perseguido por la justicia.
5 A las semillas de **sésamo** se les atribuyen poderes mágicos en los cuentos.

borricos no les diera por rebuznar. «Si esos forajidos me descubren», pensó, «me pasarán a cuchillo sin contemplaciones». Después de un breve rato que a Alí Babá le pareció eterno, la puerta volvió a abrirse, y de la cueva salió el capitán de los ladrones, quien se detuvo en el umbral[6] para contar, uno a uno, a los treinta y nueve hombres que lo seguían. Cuando comprobó que estaban todos, se volvió hacia la roca y exclamó:

—¡Ciérrate, sésamo!

La puerta de la roca se cerró, y los cuarenta ladrones se alejaron al trote.

Cuando Alí Babá tuvo la seguridad de que los bandidos se habían marchado, descendió del árbol, decidido a volver a su casa a toda prisa. Pero, al ver la pared de piedra, sintió un impulso irresistible y pronunció las palabras mágicas:

—¡Ábrete, sésamo!

Con un retumbar semejante al de un trueno lejano, la puerta de la cueva se abrió para Alí Babá. Al pobre leñador le temblaron las carnes, pero la fuerza de su destino y el poder de la curiosidad lo empujaron a entrar en la cueva, mientras la puerta se cerraba a sus espaldas con un ruido espantoso.

Lentamente, Alí Babá penetró por un corredor que desembocaba en una sala espaciosa e iluminada con antorchas. El espectáculo que descubrió ante sus ojos lo dejó de una pieza: allí se amontonaban grandes fardos de telas bordadas, pilas de alfombras, de sedas y brocados,[7] cofres cargados hasta los topes de joyas, sacos llenos de piedras preciosas y montañas de monedas de oro y plata. La cabeza empezó a darle vueltas al pobre leñador cuando vio aquel tesoro incalculable. «Debe

---

6 **umbral**: entrada.
7 **brocado**: tela de seda entretejida de oro y plata.

de hacer muchos siglos que esta cueva es utilizada para ocultar riquezas robadas», se dijo Alí Babá. «A saber cuántas generaciones de ladrones habrán depositado aquí el botín de sus fechorías.[8] De todos modos, hay una cosa clara: si Alá ha permitido que yo conozca las palabras mágicas que abren la puerta de esta cueva es porque quiere verme libre de la miseria, así que es justo que me lleve parte de lo que aquí veo».

Con ese pensamiento, Alí Babá salió al exterior, recogió sus tres asnos, los hizo entrar en la cueva y los cargó con unos cuantos sacos de oro, que disimuló bajo una cubierta de male-

---

8 **botín**: todo lo que se saca de un robo; **fechoría**: maldad.

za y ramas pequeñas. Luego salió feliz y sonriente de la cueva y exclamó:

—¡Ciérrate, sésamo!

Y se volvió a su casa con toda la prisa que le permitieron sus pobres animales, tambaleantes por la pesada carga.

La balanza delatora

Cuando Alí Babá llegó al patio de su casa, ató los asnos en el establo y, con toda cautela,[9] cerró la puerta del patio para que nadie le viera descargar los sacos de oro. La mujer de Alí Babá, a la que la miseria había agudizado el oído, no tardó en percibir el tintinear de las monedas, así que se dirigió al patio y le echó una ojeada a una de las pesadas y voluminosas bolsas de cuero. Al comprobar que estaba llena de oro, pensó de inmediato que su marido había cometido alguna fechoría, y le dijo indignada:

—Pero, ¿de dónde has sacado todo eso, infeliz? ¿Es que no sabes que en esta casa somos pobres pero honrados? ¡Ya puedes ir devolviendo todo ese oro a su dueño!

—¿No pensarás que lo he robado? —rugió Alí Babá.

—¿Cómo lo has conseguido, entonces? ¿No me dirás que ha estado lloviendo oro del cielo?

—Tranquilízate, mujer. Siéntate ahí y te lo contaré todo.

A medida que Alí Babá le explicaba la historia de los ladrones y la cueva del tesoro, el rostro de su esposa se fue relajando, hasta que al fin se iluminó con una sonrisa de oreja a oreja como hacía años que no mostraba.

—¡O sea que somos ricos! —exclamó, saltando de alegría.

---

9 **cautela**: cuidado que se pone para que los demás no se enteren de algo.

—Así es —respondió su marido—, pero es preciso actuar con sensatez. Este dinero nos bastará para vivir con comodidad el resto de nuestra vida y para asegurar el futuro de nuestro hijo, pero solo estaremos seguros si guardamos en secreto el lugar de donde lo he sacado.

—Claro, claro... —concluyó su esposa—. ¡Ah, estoy tan emocionada que parece que el corazón se me vaya a salir del pecho! ¡Gracias, Dios mío, por sacarnos de la pobreza! ¿Por qué no contamos el dinero?

—¿Contarlo? ¡Nada de eso! Tardaríamos un año, y al final nos encontraríamos con un montón de pilas de monedas que llegarían hasta el techo. Lo que tenemos que hacer es esconderlo. Lo meteremos en cajas y lo enterraremos en el patio, o en el establo, y, a medida que lo necesitemos, lo iremos sacando.

—Podríamos pesarlo, al menos...

—Está bien... —consintió Alí Babá—. Pésalo si te hace tanta ilusión. Pero, en cuanto acabes, avísame y lo enterraré. Y, sobre todo, no le digas nada a nadie.

De modo que, mientras Alí Babá se dirigía al establo para cavar un hoyo en el que enterrar el oro de los ladrones, su esposa se dispuso a pesar las monedas. Lo que el pobre leñador no sabía es que en su casa, por no haber, ni siquiera había balanza, pues hacía tiempo que su mujer la había canjeado[10] en el mercado por unas cuantas verduras. Por eso la esposa de Alí Babá decidió ir a casa de su cuñada para pedirle que le prestara una.

La mujer de Kásim la recibió con sorpresa y frialdad, pues no le gustaba tratar con sus parientes pobres. «¿Qué demonios querrán pesar estos si ni siquiera tienen un mendrugo que

---

10 **canjeado**: cambiado.

llevarse a la boca?», se dijo, intrigada. Para averiguarlo, decidió untar los platillos de la balanza con miel antes de prestársela a su cuñada. «Esto nos revelará el secreto», pensó.

En cuanto volvió a su casa, la mujer de Alí Babá se puso a pesar las monedas, mientras su marido seguía cavando en el suelo del establo. Cuando los dos concluyeron sus tareas, Alí Babá enterró el tesoro, y su mujer regresó a la casa de su cuñada para devolverle la balanza. Estaba tan deslumbrada con la brillantez y el peso de las monedas que no se percató de que un cequí[11] se había quedado pegado a la miel de uno de los platillos. En cambio, a la señora de Kásim el detalle no le pasó desapercibido.

—¡Cequíes! —gritó muy sorprendida cuando se quedó a solas—. ¡Cequíes! No es que esos pordioseros hayan encontrado algo de dinero en algún sitio, ¡sino que tienen que pesar cequíes en mi balanza como si se tratara de mazorcas![12]

Aquella noche, cuando Kásim regresó del mercado, encontró a su mujer descompuesta y de muy mal humor.

—¿Qué te sucede? —le preguntó.

—¿Que qué me sucede? ¿Eres tonto de capirote o es que no te enteras de nada? ¡El gran señor Kásim!... ¡Me río yo!

—Pero, vida mía..., ¿por qué me dices eso? ¿Qué te he hecho yo ahora?

---

11 **cequí**: moneda antigua de oro.
12 **mazorca**: espiga del maíz, que contiene muchos granos y muy apretados.

—¡Qué no has hecho, querrás decir! ¡Tanto hacerte llamar «señor Kásim» y tanto presumir de que eres rico y, sin embargo, te limitas a contar las monedas que ganas! Y mientras tanto Alí Babá, ese pelagatos con la barriga vacía, no se molesta en contar las monedas ¡sino que las pesa como si fueran granos de trigo, de tanto dinero como tiene! Y encima dices que te da pena…, pobre desgraciado, ¡tú sí que me das pena!

Después de aplacar[13] la irritación de la mujer, Kásim consiguió que su esposa le contara con todo detalle lo que había sucedido.

—Ahora mismo voy a casa de ese desgraciado a cantarle las cuarenta —dijo Kásim refiriéndose a Alí Babá—. Por Alá que descubriré el origen de su misteriosa fortuna.

Cuando llegó a casa de su hermano, Kásim no se anduvo con rodeos.

—¿Se puede saber qué es lo que está pasando aquí? —le dijo—. Llevas la túnica agujereada y finges ser pobre, y sin embargo le pides prestada la balanza a mi mujer para pesar oro. ¿De dónde lo has sacado?

—No sé de qué me estás hablando —respondió Alí Babá con cierto nerviosismo.

—Explícame esto, entonces —dijo Kásim al tiempo que le mostraba a su hermano el cequí pringoso de miel—. Cuéntame de dónde lo has sacado.

Alí Babá conocía a su hermano lo bastante como para saber cuándo podía engañarle y cuándo no, y vio que en aquella ocasión no le quedaba más remedio que contárselo todo. De manera que le explicó a Kásim su aventura en el bosque y cómo había descubierto el oro de los ladrones.

---

13 **aplacar**: calmar.

—Muy bien —le amenazó Kásim—. Si no me dices dónde está esa cueva y qué debo hacer para entrar en ella, mañana mismo te denunciaré ante el cadí y tendrás que confesarle cómo han llegado a tus manos tantas monedas de oro.

Alí Babá comprendió que no había escapatoria posible, así que le reveló a su hermano el lugar exacto en que se encontraba la cueva y las palabras mágicas que había que pronunciar para entrar en ella.

—Si quieres —le dijo—, puedo ir con mis tres burros, cargarlos con sacos de oro y llevártelos a casa. Es lo más seguro, porque todo el mundo pensará que me dirijo al bosque como cada día para cortar leña.

—Nada de eso —replicó Kásim—. Iré yo mismo. Soy mayorcito y sé buscarme la vida.

—Como quieras —concluyó Alí Babá—. Pero recuerda las palabras «Ábrete, sésamo», y sé muy prudente.

Al día siguiente, nada más amanecer, Kásim alquiló una docena de mulas y se puso en camino hacia la cueva, decidido a sacar de ella todas las riquezas que pudiese. Pronto descubrió que todo cuanto le había dicho Alí Babá era cierto: la senda a través del bosque, el claro, la pared de roca… y las palabras mágicas:

—¡Ábrete, sésamo! —exclamó Kásim, y la puerta se retiró hacia un lado. Después, entró en la cueva cargado de sacos, mientras la puerta se cerraba a sus espaldas.

Kásim se dirigió hacia la sala donde los ladrones guardaban su tesoro, y comenzó a gritar como un loco por entre las montañas de dinero y piedras preciosas. Después de llenar de oro y joyas todos los sacos de que se había provisto, cargó con uno de ellos y se dispuso a salir de la cueva. Pero entonces descubrió que no recordaba la frase que abría la puerta.

—¡Ábrete, cebada! —dijo, pues recordaba que las palabras mágicas tenían que ver con algún tipo de grano—. ¡Ábrete, mijo! ¡Ábrete, centeno! ¡Ábrete, trigo! ¡Ábrete, garbanzo! —siguió diciendo hasta que, desesperado, acabó por recitar todos los nombres de los cereales y todos los tipos de grano, salvo el del misterioso sésamo.

La ambición le había nublado la memoria, por lo que la puerta de la cueva siguió cerrada durante mucho rato, impidiéndole cualquier posibilidad de huida. Al final, Kásim se tendió en el suelo y se puso a llorar de rabia, con el corazón atormentado por los más negros presagios.[14]

Unas horas después, el hermano de Alí Babá oyó un estrépito que procedía del exterior: eran los cuarenta ladrones. Al pasar por delante de su escondite, los forajidos se habían sorprendido mucho de encontrar una docena de mulas paciendo a sus anchas por los alrededores de la cueva. Y es que, cegado por la codicia, Kásim no se había molestado en atarlas y ocultarlas entre la espesura, como había hecho Alí Babá con sus burros el día anterior. El capitán, receloso, se acercó con su caballo hasta la puerta y Kásim, dominado por la angustia, le oyó gritar las palabras mágicas:

—¡Ábrete, sésamo!

La roca empezó a moverse de costado, mientras el aterrado Kásim se preguntaba qué podía hacer. Esperando sacar alguna ventaja de la sorpresa, salió corriendo de la cueva tan pronto como la abertura le permitió escapar; pero, para su desgracia, topó de frente con el capitán y, antes de que la puerta terminara de abrirse, el forajido lo arrojó al suelo y partió su cuerpo en dos con un golpe de sable.

---

14 **presagio**: presentimiento, sensación que tiene una persona de que va a pasar algo; en este caso, algo malo, pues se habla de **negros** presagios.

—Enterrémoslo —dijo uno de los forajidos.

—Un momento —intervino el capitán—. Tal vez este bastardo no sea el único que conoce nuestro secreto. Por si acaso, lo mejor será que descuarticemos el cadáver y colguemos los trozos detrás de la puerta. Si algún amigo suyo lo echa de menos y decide venir a por él, se encontrará con el más cruel de los escarmientos.

Un cadáver molesto

Mientras tanto, en su casa, la esposa de Kásim se extrañó del retraso de su marido, y empezó a preocuparse cada vez más. Como al hacerse de noche el mercader seguía sin regresar, la mujer acudió a casa de Alí Babá en busca de ayuda.

—Vamos, no llores, ya verás como no ha pasado nada —le dijo su cuñado para calmarla, a pesar de que también él se imaginaba lo peor—. Quizá se le haya hecho tarde y haya decidido quedarse a pasar la noche en el bosque. Pero, si vas a quedarte más tranquila, puedo ir a buscarlo. Con doce mulas y todos esos sacos no será difícil dar con él.

De modo que Alí Babá preparó sus asnos y se puso en camino como si saliera a buscar leña. Cuando llegó a la cueva de los ladrones, no encontró ni rastro de las mulas de Kásim, que los bandidos habían dispersado, pero sí descubrió unas manchas de sangre a las puertas de la cueva que le llenaron de espanto. Temiéndose lo peor, caminó hacia la puerta y dijo con voz temblorosa:

—¡Ábrete, sésamo!

La macabra[15] visión de los trozos del cadáver de su hermano le sorprendió nada más entrar.

—¡Ojalá Dios lo haya perdonado! —exclamó Alí Babá, horrorizado.

Pero, por mucho que llorara y se lamentase, Kásim estaba muerto, y ya no era posible hacer nada para salvarlo. Con dolor y resignación, Alí Babá descolgó los trozos del cuerpo de su hermano, preparó un fardo con ellos, los metió en un saco y, con el corazón encogido, regresó a la ciudad y se dirigió a la casa de su cuñada para comunicarle la mala noticia.

La muchacha que le abrió la puerta era una de las esclavas de confianza del servicio de Kásim. Se llamaba Maryana, y, además de muy hermosa, era una doncella de una enorme discreción[16] y un agudo ingenio.

—Enseguida voy a buscar a mi señora —dijo la joven mientras acompañaba a Alí Babá a la sala de estar.

Como la cara de Alí Babá delataba las malas noticias que traía, antes de que el buen hombre dijera nada la mujer de

---

15 **macabra**: repulsiva y terrorífica porque está relacionada con cadáveres.
16 **discreción**: lo que demuestra la persona que sabe guardar secretos y que hace las cosas sin llamar la atención de los demás.

Kásim rompió a llorar. Maryana se apresuró a consolarla, mientras Alí Babá explicaba todo lo sucedido sin ahorrarse ni siquiera los detalles más macabros.

—¿Y ahora qué haré? —exclamó la viuda de Kásim.

—Hay que afrontar las desgracias como vienen y luchar por superarlas —respondió Alí Babá—. Ánimo, no llores o acabarás alertando[17] a los vecinos. Es preciso llevar este asunto con la mayor discreción. A mi entender, lo más razonable es que, pasado un tiempo prudencial, nos casemos, si es que te parece buena idea. Alá ha sido generoso conmigo, y me ha otorgado[18] más riquezas de las que necesito. Serás mi segunda esposa y viviremos como una familia unida.[19]

La desconsolada viuda aceptó con gratitud el generoso ofrecimiento de Alí Babá. Entonces, Maryana decidió tomar parte en la conversación:

—Mi señor —le dijo a Alí Babá—, permíteme que te diga que todo este asunto es muy peligroso. He oído hablar de la banda de los cuarenta ladrones, y sospecho que, cuando descubran que alguien ha entrado en su cueva para recoger el cuerpo de Kásim, buscarán al intruso para vengarse y no pararán hasta que den contigo. Por eso, si te parece bien, yo me encargaré de enterrar a tu hermano sin levantar sospechas.

Alí Babá asintió,[20] de modo que, tan pronto como se hizo de día, Maryana se acercó a la botica[21] en busca de una medicina que solo se recetaba en caso de enfermedades muy graves.

—¿Quién necesita este remedio? —preguntó el boticario.

---

17 **alertar**: poner alerta, avisar de que algo ocurre.
18 **otorgado**: concedido.
19 Los hombres musulmanes pueden tener más de una esposa.
20 **asintió**: dio a entender, inclinando la cabeza, que estaba de acuerdo.
21 **botica**: farmacia.

—¡Ay!, mi amo, el señor Kásim —respondió Maryana—. Está muy enfermo y no puede levantarse de la cama.

—¡Por Alá! Pero si hace dos o tres días que lo vi pasar por delante de mi botica y parecía más sano que nunca...

—¡Así es! Pero la desgracia asalta siempre a los hombres cuando menos se lo esperan.

De acuerdo con una estudiada estratagema,[22] Maryana regresó a la botica al día siguiente y pidió una segunda dosis de la misma medicina. El boticario movió la cabeza de un lado a otro, como dando a entender que eran muy pocas las esperanzas de salvación que le quedaban a Kásim.

—No me digas que el remedio no le ha hecho efecto —dijo.

—Alá no lo quiera, pero mucho me temo que al señor Kásim le quedan muy pocos días de vida.

Como Kásim era muy conocido por su puesto en el mercado, la noticia de su enfermedad corrió como la pólvora por toda la ciudad, y por eso nadie se sorprendió cuando, al día siguiente, Maryana anunció que su señor había fallecido y que su viuda y su hermano estaban profundamente apenados, por lo que había recaído sobre ella la responsabilidad de organizar el entierro.

Como era de suponer, los preparativos del entierro fueron muy poco convencionales.[23] Aquella noche Maryana se presentó en la tienda de un tal Mustafá, hombre muy entrado en años, que era sastre y confeccionaba mortajas.[24] Maryana le entregó una moneda de oro y le pidió que la acompañara con los ojos vendados para llevar a cabo un trabajo que convenía mantener en secreto.

---

22 **estratagema**: plan que se hace para conseguir lo que uno quiere.
23 **convencionales**: normales, tradicionales.
24 **mortaja**: sábana en que se envuelve el cadáver para darle sepultura.

—¡Alto ahí! —exclamó el sastre—. Te advierto que no haré nada que vaya contra la ley o que sea pecado.

—El trabajo que te voy a encomendar no es ningún pecado ni ningún delito —respondió Maryana—. No debes temer nada. Acepta este otro cequí por adelantado, y te prometo que te daré otros dos cuando hayas acabado.

—Está bien —respondió el sastre mientras empezaba a calzarse las sandalias.

Maryana le vendó los ojos y lo condujo por calles, callejas y pasadizos hasta la casa de su señora y, una vez allí, hasta la habitación donde reposaban los restos de Kásim. Entonces la joven le quitó la venda a Mustafá, quien se echó a temblar al ver el cadáver descuartizado.

—Tranquilízate, maestro sastre —susurró Maryana—. Lo único que tienes que hacer es sacar tu aguja y coser ese cuerpo hasta dejarlo como nuevo. Piensa que coser un cadáver no es ningún delito…

Mustafá tragó saliva y pensó: «Verdaderamente, no hay nada de malo en coser un cadáver. A fin de cuentas, no soy yo quien lo ha descuartizado». Así que echó mano de su aguja y cosió el cuerpo de Kásim.

—Ahora hazle una mortaja con esta tela —ordenó Maryana, mientras sacaba de un armario una sábana de algodón—, porque mi amo debe ser enterrado mañana por la mañana.

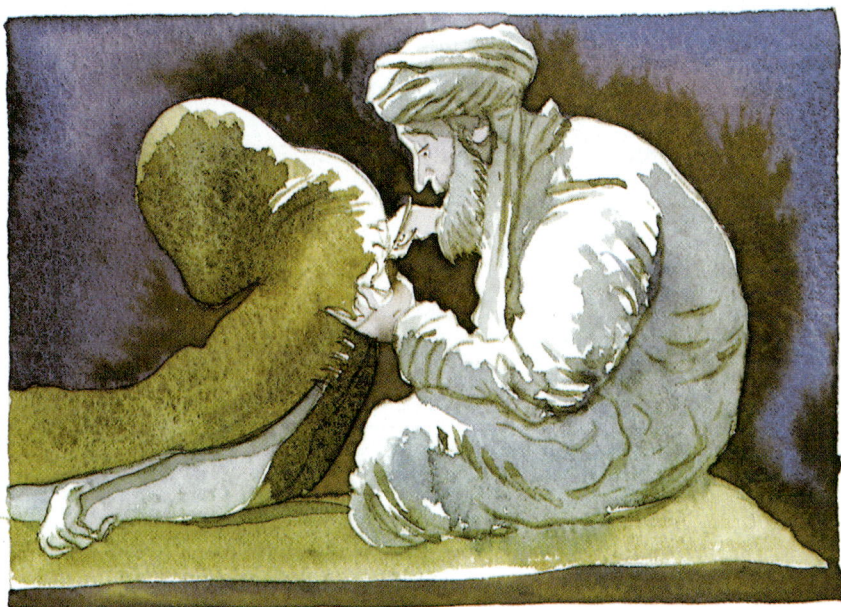

Cuando Mustafá hubo terminado, la esclava le entregó una bolsa de cequíes, que el anciano tomó de buena gana, y luego le volvió a vendar los ojos al sastre y lo acompañó del brazo hasta su tienda en el mercado.

—Gracias por tu trabajo —le dijo al fin—. Lo único que te pido es que mantengas este asunto en secreto, y que no lo expliques a nadie, ni siquiera a tu propia familia.

Mustafá se llevó un dedo a los labios para indicar que mantendría la boca cerrada, y Maryana regresó a casa. Eficiente[25] como siempre, lavó el cadáver de Kásim con todo cuidado y después le puso la mortaja. De esa manera, el desdichado mercader cobró el aspecto de cualquier otro muerto y fue enterrado de forma digna en el cementerio de la ciudad sin que nadie sospechase nada extraño.

Señales con tiza

Pocos días después, la viuda de Kásim se casó con Alí Babá, y el leñador se trasladó a vivir a casa de su hermano con sus dos esposas, su hijo y los dineros sacados de la cueva. Parecía que nada podía enturbiar la paz y la felicidad de la familia, pero una amenaza planeaba sobre ella: los ladrones sabían que alguien conocía el secreto de la cueva, pues había entrado en ella para recuperar el cuerpo de Kásim, y el capitán había jurado matar al intruso.[26] Sin embargo, no parecía fácil dar con él.

—Ya sé lo que tenemos que hacer, capitán —dijo uno de los ladrones—. Hay que ir a la ciudad y preguntar por todos los muertos que hayan sido enterrados en los últimos días. Uno

---

25 **eficiente**: que hace las cosas bien y en poco tiempo.
26 **intruso**: persona que ha entrado en un sitio sin que lo hayan invitado.

de ellos tiene que ser el bastardo que descuartizamos, y entre sus parientes o amigos encontraremos al hombre que ha rescatado el cadáver.

—Bien pensado —respondió el capitán.

Así que el ladrón que había ideado el plan se disfrazó con un turbante, una túnica y una faja para hacerse pasar por un acaudalado[27] comerciante forastero. Luego tomó el camino del mercado, adonde llegó a primera hora de la mañana.

La mayoría de las tiendas estaban cerradas, pero en un recodo del mercado, a la media luz del amanecer, encontró al sastre Mustafá, que estaba cosiendo unas sandalias con una gran dedicación.

—En mi vida he visto un sastre tan madrugador —dijo el ladrón con toda cortesía—. ¿Cómo es posible que veas para dar puntadas cuando apenas hay luz?

—¡Cómo se nota que no eres de por aquí! —respondió Mustafá—. A mí se me conoce por mi buena vista desde mucho tiempo antes de que tú nacieras. Fíjate si soy bueno en mi oficio que hace unos días una joven vino a pedirme que cosiera los trozos de un cadáver en una habitación en la que apenas había luz. Y también le confeccioné la mortaja para que lo enterrasen.

Mustafá se dio cuenta de que acababa de irse de la lengua, pero ya era tarde para remediarlo.

—Bromeas —dijo el ladrón—. Eres sastre, no cirujano. ¿Cómo pudiste hacer una cosa así?

—¿Qué más te da? —dijo Mustafá—. En cualquier caso, no es asunto tuyo.

—Ya lo creo que sí —replicó el ladrón al tiempo que hacía

---

27 **acaudalado**: muy rico.

tintinear un par de monedas en su mano—, y me gustaría conocer la casa donde llevaste a cabo esa tarea.

—Es un secreto —explicó el sastre mientras miraba de reojo las monedas—. Además, no sabría cómo conducirte allí, ya que me llevaron con los ojos vendados como si fuese un caballo asustadizo.[28]

—Hummm —murmuró el ladrón mientras dejaba caer sus cequíes en la banqueta del sastre—. Vamos a ver qué te parece lo que voy a proponerte. Si yo también te tapara los ojos y empezara a caminar contigo desde aquí, ¿no sería posible que alguien con buena vista, como tú, tuviera además una buena memoria y fuese capaz de recordar el camino recorrido?

—Quizás sí —respondió el anciano—. Gracias a Dios poseo un buen sentido de la orientación.

—Toma mi dinero, pues, y ven conmigo.

El sastre aceptó el trato, así que el ladrón le vendó los ojos. Lentamente, Mustafá volvió sobre los pasos que había dado cuando Maryana lo guiaba: dobló las mismas esquinas y recorrió los mismos callejones por segunda vez, hasta que se detuvo ante la puerta del hogar de Kásim.

—Ésa es la casa —exclamó—. Estoy seguro.

—Muchas gracias, buen hombre —respondió el forajido al tiempo que le quitaba al sastre la venda de los ojos y le entregaba una bolsita con dinares.

«He de avisar al capitán de inmediato», pensó el ladrón. Pero de pronto se dio cuenta de que las casas vecinas eran idénticas a la de Kásim, así que, para poder identificar la del intruso, sacó del bolsillo un trozo de tiza y pintó una gran cruz blanca sobre la puerta de la casa que le había señalado el sas-

---

28 Los jinetes suelen tapar los ojos de sus caballos cuando atraviesan lugares llenos de gente para que el animal no se asuste.

tre. Satisfecho de su propio ingenio, el ladrón regresó al bosque para reunirse con sus compañeros.

Unos minutos más tarde, Maryana volvió del mercado y vio la marca de tiza en la puerta de la casa. «Aquí hay gato encerrado», dijo mirando la cruz. Pero enseguida se le ocurrió una idea para impedir que a su amo le sucediese nada: tomó un trozo de tiza blanca y pintó una cruz en las puertas de todas las casas de la calle. De esa manera, cuando el ladrón volvió a la ciudad con el capitán, dispuesto a mostrarle la casa que le había indicado el sastre, se encontró con una calle entera llena de marcas de tiza, y no logró distinguir la que él mismo había trazado.

—¿Así que ésta era tu genial idea? —gritó enfurecido el jefe de los ladrones—. ¡No eres más que un maldito imbécil!

Tan irritado estaba el capitán que se llevó arrastrando al ladrón hasta el bosque y no dudó en cortarle la cabeza para castigar su probada inutilidad. Después, envió a la ciudad a otro ladrón, con la advertencia de que tendría un final aterrador si no actuaba con mayor habilidad que su compañero.

El ladrón fue en busca de Mustafá y lo convenció a base de cequíes para que le ayudase a encontrar la casa de Kásim. Una vez dio con ella, decidió pintar una cruz roja al lado de la cruz blanca para poder distinguir la puerta cuando regresase. «El capitán quedará maravillado con mi ingenio», se dijo. Después, regresó a la cueva del bosque, mientras Mustafá pensaba: «Alguien está sacando cequíes de oro de algún escondrijo como quien saca paladas de arena del desierto».

La historia se repitió, y el segundo ladrón tuvo el mismo final que el primero, porque, tan pronto como Maryana descubrió la nueva señal, buscó una tiza roja con la que trazó una cruz en todas las puertas del vecindario. De modo que, cuan-

do el segundo ladrón, lleno de orgullo, condujo a su jefe a la casa de Kásim, comprobó que toda la calle estaba llena de cruces rojas, y sintió que el mundo, con todo lo que había en él, se le caía encima. Al capitán le resultó imposible localizar la casa, así que decidió regresar al bosque, y, una vez allí, desenvainó[29] su sable y ejecutó al segundo ladrón.

La estrategia del capitán

Para entonces el capitán había empezado a albergar[30] serias dudas sobre la inteligencia y la sagacidad[31] de sus hombres, así que decidió ocuparse en persona de encontrar la casa

---

29 **desenvainó**: sacó el sable de su vaina o funda.
30 **albergar**: tener.
31 **sagacidad**: lo que tiene la persona que todo lo entiende rápidamente.

de Kásim. De nuevo hizo el recorrido a través de la ciudad con la ayuda del sastre, y nuevas piezas de oro fueron a parar a las manos de Mustafá; pero el capitán no se molestó en hacer una señal en la puerta, sino que fijó en su memoria el aspecto de la calle y de la fachada de la casa, de manera que pudiera reconocerla cuando regresara ante ella. Después, volvió junto a sus hombres y les informó de sus planes.

—Compañeros —les dijo—, no me cabe la menor duda de que he encontrado la casa donde se aloja[32] la fuente de todas nuestras desgracias. Por eso os propongo que la asaltemos: de esa manera le ajustaremos las cuentas al cómplice del bastardo que descuartizamos. Los cuarenta (bueno, los treinta y ocho) nos presentaremos esta noche en la ciudad. Yo me haré pasar por un rico comerciante de aceite y llevaré conmigo diecinueve mulas, cada una de ellas con dos tinajas. Una de ellas estará llena de aceite, pero en el resto os esconderéis vosotros, armados con alfanjes y dagas.[33] Conseguiré que me dejen entrar con las mulas dentro de la casa y, aprovechando la oscuridad de la noche, os daré aviso para que salgáis y acabaremos con todos sus habitantes.

Así se hizo. El fingido comerciante del aceite y su reata[34] de mulas se dirigieron a la ciudad y, tras muchos rodeos, llegaron por fin a la casa de Kásim, donde ahora vivían Alí Babá, sus dos mujeres y su hijo, en compañía de la servicial Maryana. El capitán de los ladrones encontró a Alí Babá sentado en el umbral de la casa, y le dijo con una reverencia:

—Señor, son muchas las veces que he venido a esta ciudad para vender mi aceite en el mercado, pero nunca había llega-

---

32 **se aloja**: vive.
33 **alfanje**: espada corta y curva; **daga**: puñal.
34 **reata**: hilera de animales atados entre sí por una cuerda.

do tan tarde. Hace ya rato que recorro las calles con mis mulas, pero no encuentro hospedaje para esta noche. ¿Sería posible que nos alojáramos en vuestro patio?

Alí Babá era por naturaleza una persona hospitalaria[35] a la que nada le gustaba tanto como tener compañía, de manera que ofreció encantado su patio al falso comerciante y ordenó a Maryana que preparase cena y habitación para el viajero. Ni por un solo instante sospechó que acababa de meter al lobo en su casa, disfrazado bajo una piel de cordero. No pudo reconocer al capitán de los ladrones porque solo lo había visto una vez, desde la copa de un árbol y con el corazón encogido por el miedo.

El jefe de los bandidos se entretuvo un buen rato en dar de comer a sus mulas y descargar las tinajas. Mientras lo hacía, fue susurrando a cada uno de sus hombres:

—Recuerda que vendré a buscarte a medianoche. Cuando oigas el chasquido de mi látigo, sal de la tinaja. Nos reuniremos todos y pasaremos a cuchillo a esos bastardos.

Después, el capitán acompañó a Alí Babá hasta una magnífica sala con las paredes cubiertas de tapices, y se preparó para disfrutar de una abundante y suculenta cena.

La astucia de la criada

Pero sucedió que, a mitad de la velada, mientras Maryana trabajaba en la cocina, la luz de la lámpara se debilitó hasta apagarse. Para volver a encenderla, la criada fue a buscar la vasija donde guardaba el aceite, pero descubrió que estaba vacía. El contratiempo[36] la irritó.

---

35 **hospitalaria**: que le gusta tratar bien a los invitados y forasteros.
36 **contratiempo**: trastorno o problema imprevisto.

—No tienes que preocuparte —dijo Abd Allah, uno de los sirvientes—. En el patio hay treinta y ocho tinajas de aceite; estoy seguro de que nuestro huésped no echará de menos un par de cacillos.

—Tienes razón —dijo Maryana; y, a continuación, tomó la vasija vacía del aceite y salió al patio, donde las treinta y ocho tinajas se encontraban perfectamente alineadas.

Maryana se acercó a una de ellas, la destapó e introdujo en la tinaja la vasija vacía. Su sorpresa fue mayúscula al sentir que el recipiente topaba contra algo duro y que una voz susurraba desde el interior de la tinaja:

—¿Es ya la hora de salir, capitán?

—¡Ya no puedo aguantar más aquí dentro! —dijo otra voz desde una tinaja cercana—. ¡Me duelen las piernas de tanto estar encogido!

Maryana sintió que el corazón le daba un vuelco en el pecho. Sin embargo, supo mantener la sangre fría, y no le costó comprender lo que estaba sucediendo. Convencida de que los ladrones la habían confundido con su capitán, dijo con voz ronca y varonil:

—¡Aguantad un rato más, que ya falta poco!

Maryana pasó por delante de las otras tinajas, y de todas ellas salió una voz que preguntaba: «¿Es ya la hora?». Una y otra vez, Maryana respondió: «No, todavía no». Finalmente, la criada se detuvo ante la última de las tinajas, la única que contenía el aceite que la joven precisaba. «Que Alá, el Clemente y el Misericordioso, nos proteja», se dijo mientras llenaba su vasija. «Mi señor ha dado cobijo[37] a un forastero y parece que su huésped[38] quiere pagarle con la muerte».

---

37 **dar cobijo**: proporcionar a alguien un lugar donde está protegido.
38 **huésped**: persona que vive en casa de otra.

Al volver a la cocina, Maryana despabiló las lámparas[39] y colocó sobre el fuego un gran caldero. Después, se hizo acompañar por Abd Allah al patio, y entre los dos transportaron hasta la cocina la única tinaja que de veras contenía aceite.

—Lo echaremos en el caldero —dijo.

Los dos criados avivaron el fuego, y el aceite no tardó en hervir. Entonces, Maryana lo vertió en una vasija, salió al patio y ¡volcó el aceite hirviendo sobre la primera tinaja! El ladrón que se escondía en ella lanzó un grito de horror mientras se abrasaba y daba su adiós a la vida. Después, Maryana regresó a la cocina, llenó de nuevo la vasija con aceite hirviendo y volvió al patio para verterlo en la segunda tinaja. Y así, poco a poco, fue recorriendo la hilera de las treinta y siete tinajas y acabó sin piedad con todos los ladrones que se ocultaban en su interior.

Poco después, el capitán se levantó de la cama. Había estado esperando que la casa quedara en silencio para acudir en busca de sus hombres. A medianoche, caminó con sigilo hasta el patio, donde chasqueó[40] el látigo para indicarle a los suyos que debían salir de las tinajas. Sin embargo, nada sucedió. «Seguro que estos patanes[41] se han quedado dormidos», se dijo, así que volvió a chasquear el látigo otras muchas veces. Pero nadie respondió a su señal.

Entonces se acercó a las tinajas, y enseguida le asaltó el olor a carne abrasada. Al tocar el primero de los recipientes, se quemó la mano y lo comprendió todo: ¡sus hombres habían muerto achicharrados! «Tengo que escapar cuanto antes», se

---

39 **despabilar las lámparas**: cortarle a una mecha o *pabilo* de una vela la parte que ya ha ardido para que se reavive la llama.

40 **chasquear**: sacudir el látigo en el aire produciendo un ruido seco y agudo.

41 **patán**: hombre basto y ordinario.

dijo, de manera que trepó por la valla del jardín, saltó a la calle y corrió hacia la cueva del bosque. Por el camino, iba diciéndose entre dientes: «¡Me vengaré, juro que me vengaré!».

A la mañana siguiente, cuando Alí Babá salió al patio, le sorprendió comprobar que las mulas seguían en el establo y que las tinajas esperaban aún para ser llevadas al mercado.

—El comerciante debe de haberse dormido —le dijo a Maryana—. Despiértalo, porque como no salga ahora mismo para el mercado no venderá ni una sola tinaja de aceite.

—Señor —respondió la criada—, ese hombre no es comerciante ni vende aceite, sino que es el jefe de los cuarenta ladrones que mataron a tu hermano, y son sus hombres quienes duermen ahora el sueño eterno.

Luego llevó a Alí Babá hasta la hilera de las tinajas, cuyo contenido le mostró, y a continuación le relató todo lo sucedido aquella noche y los días anteriores.

—¡Querida Maryana, nos has salvado la vida a todos! —exclamó Alí Babá—. ¡Que Alá te bendiga!

—Lo que más me preocupa, señor —replicó la criada—, es que el capitán de los ladrones se haya escapado. Mucho me temo que no descansará hasta que logre vengarse, así que es preciso permanecer alerta.

—Tienes toda la razón —replicó Alí Babá—. Pero lo primero es cavar una fosa para enterrar a todos esos canallas.

Así que Alí Babá y su criada cogieron un par de palas y cavaron una fosa amplia y profunda en la que enterraron con el mayor sigilo a los treinta y siete ladrones. Concluida la tarea, amo y sirvienta se dirigieron al mercado, donde vendieron a buen precio las diecinueve mulas.

El baile de la muerte

Una vez más, Maryana estaba en lo cierto: el capitán no se había dado por vencido. Por el contrario, tras permanecer varios días en la cueva y meditar largo y tendido[42] sobre su mala fortuna, trazó un nuevo plan para vengarse de Alí Babá. El ladrón cambió su aspecto, compró nuevas mulas, las cargó de seda, telas bordadas y piezas de orfebrería,[43] y se dirigió de nuevo a la ciudad con la apariencia de un honrado comerciante. Una vez allí, alquiló una tienda en el mercado y se dedicó a vender sus mercancías, que los clientes le quitaban de las manos a causa de su calidad y buen precio.

Durante varias semanas, el capitán de los ladrones se esforzó por ganarse la amistad de los otros comerciantes del mercado, y en particular la de Mohamed, el hijo de Alí Babá,

---

42 **largo y tendido**: mucho tiempo.
43 **orfebrería**: objetos artísticos de plata u oro.

quien había quedado al cargo de los negocios de su difunto tío Kásim. Por medio de regalos y largas conversaciones, el capitán se granjeó[44] la confianza y la admiración del muchacho, quien se sentía orgulloso de contar con la amistad de una persona que parecía saber tanto del mundo.

—Tendrás que corresponder a la generosidad de ese buen hombre —le advirtió Alí Babá a su hijo.

Así que un día Mohamed invitó al nuevo mercader a cenar en casa de sus padres. Al bandolero se le iluminó la cara, aunque, para disimular su entusiasmo, se hizo de rogar. Al final acabó por aceptar la invitación, no sin poner antes una pequeña condición:

—Está bien. Pero solo te pido que no le pongáis sal a la comida. No la soporto; sólo de verla me produce arcadas.[45]

—No te preocupes —dijo Mohamed—. Los platos aún no están cocinados, así que no nos costará nada preparar una cena sin sal.

Y así fue cómo el capitán de los ladrones logró entrar en casa de su peor enemigo.

Alí Babá recibió con todos los honores al invitado de su hijo, que en todo momento se comportó como si fuera la primera vez que pisaba aquella casa. Mientras lo acompañaba hasta el salón principal, Alí Babá le advirtió a Maryana:

—La cena de esta noche deberá ser cocinada sin sal.

La criada permaneció pensativa unos instantes: «¿Por qué no podrá tomar sal?», se preguntó. Antes de dirigirse a la cocina observó con atención al invitado, y muy pronto lo comprendió todo. «¡Dios mío!», se dijo mientras un escalofrío le reco-

---

44 **se granjeó**: se ganó.
45 **arcadas**: ganas de vomitar.

rría la espalda, «¡ese mercader es el capitán de los cuarenta ladrones! ¡Por eso se ha negado a tomar sal con mi señor!».[46]

Mientras servía la cena, Maryana observó con detenimiento al invitado de su señor, y advirtió que el huésped se llevaba de continuo la mano a la faja. Cuando la criada llevó los postres, en la cintura del invitado asomó la empuñadura de una daga. «No hay duda de que está esperando a que Alí Babá y su hijo se adormilen para ejecutar su venganza sin riesgos», se dijo la criada. «Pues por Alá que tendrá su merecido».

Con su sagacidad de siempre, Maryana trazó un rápido plan para impedir la venganza del capitán de los ladrones, y, cuando la cena hubo concluido, le dijo a Alí Babá:

—Señor, esta noche me haría ilusión bailar para vosotros.

—¡Es una magnífica idea! —respondió Alí Babá.

De modo que Maryana se dirigió a su habitación y se vistió para el baile. Se puso una hermosa túnica de tela de Alejandría[47] como las que solían usar las bailarinas de Egipto, se tapó el rostro con un velo, y, en el cinturón de oro trenzado con joyas que ceñía su talle y hacía resaltar sus caderas, sujetó una daga de delicada filigrana[48] con incrustaciones[49] de piedras preciosas. Después, le entregó una pandereta al joven Abd Allah y le pidió que la acompañara en su danza.

Cuando los dos criados entraron en la sala del banquete, Alí Babá exclamó a voz en grito:

—¡Sea muy bienvenida la más hermosa de todas las doncellas! ¡Danza para nosotros, bellísima gacela!

---

46 Los orientales ven en la sal un símbolo de amistad, y por ello el ladrón no desea tomar sal con Alí Babá.

47 Alejandría es una famosa ciudad de Egipto.

48 **filigrana**: adorno muy fino que se hace cruzando hilos de oro y plata.

49 **incrustación**: cosa metida dentro del material de otra, de manera que queda muy ajustada, como un diamante en el mango de un puñal.

Maryana hizo una profunda reverencia a todos los presentes y dio inicio a una hermosa danza, mientras Abd Allah hacía sonar la pandereta. La joven bailó durante mucho rato: primero, la danza de los velos y, más tarde, la del pañuelo y la de las persas. La elegancia y ligereza de sus pasos de baile maravillaron a Alí Babá, quien no paraba de repetirle a su invitado:

—No hay duda de que esta muchacha es un portento. Fijaos en su belleza y en su gracia. Además, es una joven muy inteligente. Sí señor, ¡no hay otra como ella!

—Ya lo veo, ya —respondía el mercader con una sonrisa forzada, intentando disimular la contrariedad que para sus planes suponía la presencia de Maryana y Abd Allah.

Mientras tanto, Maryana seguía bailando al son de la pandereta y del batir de palmas, hasta que, en un determinado momento, sacó su puñal de la cintura y lo blandió en el aire.

—Y, a continuación —anunció—, bailaré la conocida danza del puñal.

—¡Estupendo, estupendo! —exclamaron Alí Babá y su hijo.

Sin dejar de moverse, Maryana fue pasándose el puñal de una mano a la otra como si quisiera cortar el aire, mientras los ojos del capitán permanecían suspensos en sus pasos de bailarina.

Cuando la criada terminó su danza, Alí Babá le lanzó un cequí, a lo que Maryana respondió con una nueva reverencia. Entonces el falso mercader se llevó la mano a la faja, simulando que buscaba una moneda para la criada, pero Maryana comprendió de inmediato la verdad: ¡el capitán iba a sacar su daga para matar a Alí Babá! Así que, sin pensárselo dos veces, la joven saltó hacia adelante como un gato montés y hundió su largo cuchillo de oro en el corazón del falso comercian-

te. El capitán se retorció de dolor y cayó al suelo convertido en un cuerpo sin alma. Tras un largo silencio, Alí Babá exclamó indignado:

—¡Pero es que te has vuelto loca, Maryana!

—¡Vaya manera de tratar a un invitado! —gritó Mohamed.

Entonces la criada retrocedió unos pasos y volvió a hacer una profunda reverencia. Después, se acercó al capitán de los ladrones y le sacó la daga que llevaba escondida en la faja.

—No me he vuelto loca, mi señor —dijo—, sino que he tratado de ser prudente en el servicio de mi amo. ¿Acaso no reconoces en este rostro al capitán de los ladrones que quiso acabar contigo? ¿No ves que pretendía quitaros la vida con esta daga, y por ello se negaba a comer sal con vosotros?

—¡Por Alá! —exclamó entonces Alí Babá, llevándose las manos a la cabeza—. ¡Tienes toda la razón! ¡De no haber sido por ti, esta noche mi hijo y yo hubiésemos muerto a manos de ese despiadado criminal!

Durante aquella noche, Alí Babá bendijo una y otra vez el ingenio de Maryana y su serenidad.

—Para recompensar tus virtudes —le dijo al fin—, he decidido casarte con mi hijo.

Mohamed acogió la propuesta con una sonrisa de felicidad, pues estaba enamorado de Maryana desde hacía mucho tiempo, aunque no se había atrevido a confesárselo a su padre.

A la mañana siguiente, Alí Babá regresó con sus asnos a la cueva de los ladrones y recogió todos los tesoros allí escondidos. Y a partir de entonces, tanto él como su familia y sus sirvientes vivieron felices para siempre jamás.

actividades

El jorobado

Argumento

1 La historia principal de «El jorobado» narra la supuesta muerte de un bufón y los problemas de sus cuatro 'asesinos'. ¿Cómo se deshacen del 'cadáver' el sastre y su mujer? (págs. 10-12) ¿Qué planea la esposa del médico para librarse del bufón? (págs. 12-13) ¿Y el cocinero? (pág. 14) ¿Por qué lo aporrea el administrador? (pág. 15)

2 ¿Por qué ninguno de los acusados es ejecutado? (págs. 16-18) ¿Cómo se salva el sastre? (pág. 18)

3 En el palacio del sultán, cada uno de los acusados explica un cuento. ¿Con qué intención?

4 El más destacado de los cuatro cuentos es el del sastre, protagonizado por un joven cojo y un barbero. ¿Cuál de esos dos personajes interviene en la historia principal? (pág. 24) ¿Por qué resulta decisiva su llegada al palacio del sultán?

Comentario

1 Los personajes de «El jorobado» confunden a cada momento la realidad con la apariencia. Para que sus errores resulten creíbles, el autor del relato ha cuidado mucho los **detalles**, que en varios casos son decisivos. ¿Por qué es importante que el médico sea tan codicioso y que el administrador esté borra-

cho? (págs. 12 y 15) ¿A qué se debe que el cocinero tome al jorobado por un ladrón? (pág. 13) ¿Por qué no es casual que la primera parte del cuento transcurra de noche?

2 ¿Cuál de los **cuatro cuentos** que narran los acusados te ha gustado más y por qué? ¿Qué **elementos maravillosos** aparecen en los tres primeros? (págs. 19-20) ¿Qué **enseñanza** se desprende de la historia del ermitaño y el mercader? (pág. 19)

3 Lo disparatado de su historia convierte a «El jorobado» en un cuento **muy divertido**. Busca en el relato tres situaciones o expresiones humorísticas e intenta explicar por qué hacen reír.

4 Aunque ninguno de los acusados por la muerte del bufón es en verdad un asesino, **todos obran mal**. ¿Por qué? ¿Con qué gesto admirable compensan su maldad? (págs. 16-18)

Expresión

1 En «El jorobado», casi todo se repite cuatro veces: cuatro son las 'muertes' del jorobado, cuatro los acusados, cuatro las historias que cuentan… Imagina que añadimos un eslabón a la cadena y que todo sucede **cinco veces**. Supón, por ejemplo, que el cocinero decide **cargarle el muerto a un zapatero** en vez de al administrador. **Redacta un cuento** en que describas al zapatero y relata cómo encuentra el cadáver del bufón, por qué cree que lo ha matado y de qué manera se deshace de él.

2 Como los otros cuatro acusados, el zapatero que hemos imaginado deberá explicarle **un cuento** al sultán. Redáctalo con el propósito de que sea más sorprendente que la historia del jorobado. Si lo deseas, toma como punto de partida alguna de las siguientes maravillas: una aguja que cose sola o un niño que descubre una ciudad dentro de una sandía.

Relatos breves

Un precio justo

1 En «Un precio justo», Yafar intenta tomarle el pelo a un beduino proporcionándole una receta para un colirio. ¿Qué tienen de particular sus ingredientes? ¿Qué operaciones absurdas debe realizar el beduino para obtener el colirio? ¿Qué 'precio' paga por la receta? ¿Por qué es un "precio justo"?

2 La historia del beduino enfermo recurre al motivo tradicional del **burlador burlado** o el cazador cazado. ¿Por qué podemos decir que Yafar «va por lana y sale trasquilado»?

3 Imagínate que un turista te pregunta cómo se llega a la plaza principal de tu ciudad y que decides gastarle una broma semejante a la de Yafar. **Escríbele las indicaciones** y procura que sean lo más disparatadas que se te ocurran.

La bolsa sin fondo

1 En «La bolsa sin fondo», un persa y un curdo se disputan una bolsa de viaje. ¿Qué medio elige el juez para descubrir quién es su verdadero dueño? ¿De qué modo pretende el curdo demostrar que la bolsa es suya? ¿Cómo corresponde Alí al desparpajo de su rival?

2 Al final del cuento, el juez ordena abrir la bolsa de viaje. ¿Por qué sorprende su contenido? ¿Cómo reaccionan Alí y el curdo

al verlo? ¿Y el juez? A tu parecer, ¿hay alguna forma de explicarse el alocado comportamiento de los dos protagonistas?

Un burro y su burro

1 ¿Cómo logran los dos pícaros robarle el burro al labrador? ¿Qué historia le cuenta uno de ellos? ¿Se la cree el campesino? ¿Y su mujer? Según el labrador, ¿a qué se debe que su asno vuelva a estar en venta al cabo de algún tiempo? Sin embargo, ¿qué es lo que ha sucedido en realidad?

2 Puesto que robar es un acto inmoral, solemos despreciar a los ladrones y compadecer a sus víctimas. Sin embargo, al leer este cuento sentimos cierta **admiración por los dos pícaros** y **ninguna lástima por el campesino**. ¿Por qué? ¿Te parece correcto?

3 Vuelve a explicar la historia de «Un burro y su burro» trasladando la acción a nuestros días. Imagina, por ejemplo, que dos ladrones deciden robarle la moto a un repartidor de pizzas. Recuerda que debes poner todo tu ingenio a la hora de explicar por qué el vehículo se ha convertido en persona.

El loro fiel

1 Este cuento está protagonizado por un mercader, su esposa y un loro parlanchín. ¿Para qué compra el loro el mercader? ¿Cómo consigue su esposa engañar al animal? ¿Por qué el mercader decide darle muerte al loro? ¿Cuándo y cómo se da cuenta de que ha cometido un error al castigarlo? ¿Qué siente entonces?

2 El **comportamiento** de los personajes de «El loro chivato» deja mucho que desear. ¿Qué podemos reprocharle al mercader? ¿Y a su esposa? ¿Y a las criadas?

3 ¿Qué opinas de la actitud del loro? A tu entender, ¿qué es más adecuado: denunciar las faltas que cometen otras personas o hacer la vista gorda y no contárselas a nadie? ¿Por qué?

El tesoro soñado

1 El mercader de «El tesoro soñado» se vuelve rico de la noche a la mañana. ¿Qué le dice la voz que oye en sueños? ¿Por qué los alguaciles de El Cairo lo detienen y apalean? ¿Qué le revela al mercader su entrevista con el cadí?

2 Muchas personas creen en la existencia de los **sueños proféticos**, que son aquellos que anuncian el futuro. De hecho, los antiguos pensaban que Dios hablaba a la gente a través de sus sueños, tal y como declaran diversos pasajes de la Biblia. En «El tesoro soñado», el mercader consigue la riqueza gracias a la combinación de dos sueños proféticos; por el contrario, el cadí se queda sin el tesoro por no creer en ellos. ¿Crees tú en la existencia de sueños proféticos? ¿Has soñado alguna vez con algo que luego se haya cumplido? Todos necesitamos soñar; ¿sabes por qué razón?

3 «El tesoro soñado» podría ser leído como una **parábola**, es decir, como un relato que nos proporciona una enseñanza moral. El mercader de Bagdad viaja muy lejos en busca de riquezas, pero acaba encontrando el tesoro que tanto desea en el jardín de su propia casa. De esa manera, el cuento parece sugerirnos que no es preciso ir muy lejos para encontrar la felicidad. ¿Crees que eso es verdad? ¿Qué cosas cotidianas te hacen feliz a ti? ¿Y a tu familia? ¿Y a tus amigos?

119

Las babuchas fatídicas

Argumento

1. El boticario Abu Kásim pierde toda su fortuna por culpa de sus babuchas. ¿Por qué no las encuentra un día al salir de los baños? (pág. 46) ¿Por qué se lleva las babuchas del mercader? (pág. 48) ¿Qué castigo recibe por ello? (págs. 48-49)

2. Enfadado con sus babuchas, Abu Kásim las lanza a la calle. Pero, ¿qué pasa entonces? (págs. 49-50) ¿Y cuando las arroja al Nilo? (págs. 50-51) ¿Y cuando las entierra en su jardín? (págs. 52-53) ¿Y cuando las lanza a una presa? (págs. 53-54)

3. Tras perder todo su dinero y recibir cientos de golpes, Abu Kásim decide desvincularse para siempre de sus babuchas. ¿Qué hace para lograrlo? (págs. 54-56)

Comentario

1. La peripecia de Abu Kásim demuestra que la **fama** tiene sus riesgos. ¿Cómo le perjudica al boticario el hecho de que todo el mundo conozca su calzado? (págs. 48, 49, 50 y 54)

2. ¿Cuál es la causa principal del empobrecimiento de Abu Kásim: su **tacañería** o su **mala suerte**, el **destino**? Para debatir esta cuestión, dividíos en dos grupos: el primero de ellos defenderá una postura y el segundo la otra.

3 Aunque Abu Kásim es muy tacaño, el amor por el dinero no le lleva nunca a **actuar de forma violenta o inmoral**, o a **saltarse las leyes**. Otros personajes, en cambio, sí lo hacen. ¿Cómo se comportan el mercader (p. 48), el pescador (p. 51), la muchedumbre (pp. 52-53) y el molinero (p. 54)? ¿Qué opinas sobre el comportamiento de los alguaciles? (pp. 49 y 54)

4 Abu Kásim es un gran tacaño. ¿Cuál es el vicio contrario a la tacañería? ¿Qué es lo mejor que podrían hacer los ricos que nadan en la abundancia con el dinero que les sobra?

Expresión

1 El humor de este cuento se resalta mediante el uso reiterado de la **comparación** y la **exageración**. De las babuchas de Abu Kásim, por ejemplo, se nos dice que tienen unas suelas «tan gruesas como el cráneo de un rinoceronte». Repasad una página del cuento cada uno y anotad todas las comparaciones y exageraciones que se emplean en ella. Haced una lista de todas las que aparezcan y, por último, inventad una comparación cada uno para describir las babuchas de Abu Kásim.

2 Los alguaciles de «Las babuchas fatídicas» son **corruptos**. ¿Por qué? ¿Conoces algún caso de corrupción en la vida real? A tu entender, ¿es preferible hacerse rico aunque sea cometiendo alguna pequeña falta, o vivir sin lujos pero conservando la honradez?

121

Fábulas

Cuestión de orejas

1 ¿Qué le recomienda el asno al buey para que el campesino no le haga trabajar? (pág. 65) ¿Por qué le advierte que no debe comer? (pág. 66)

2 El ingenio del asno acaba por volverse en su contra. ¿Por qué? (págs. 66-68) ¿Qué hace el burro para conseguir que el buey vuelva al trabajo? (págs. 69-70) ¿Qué descubre el labrador gracias a la finura de su oído? ¿Cómo castiga a sus dos animales y qué lección les da? (pág. 70)

3 ¿Crees que el asno trata al buey con generosidad o con egoísmo? ¿Qué defectos observas en el burro? ¿Te parece que al buey le falta picardía? ¿Por qué?

4 Las fábulas suelen transmitir alguna lección moral. ¿Qué **enseñanza** se desprende de «Cuestión de orejas»? ¿Serías capaz de escribir **unos versos con la moraleja** de este cuento?

5 En las fábulas, los animales representan las virtudes, vicios y sentimientos de los seres humanos. ¿Con qué tipo de persona podemos identificar al buey? ¿Qué imagen de los burros suelen ofrecer los cuentos tradicionales? ¿Responde el asno de «Una cuestión de orejas» a esa imagen? ¿Por qué?

El lobo y la zorra

1 La fábula del lobo y la zorra es la historia de una **venganza**. ¿Por qué decide la zorra acabar con el lobo? (pág. 37) ¿Cómo consigue que caiga en el foso? (pág. 38) ¿Qué hace el lobo para arrastrar a la zorra a la trampa? (pág. 42) ¿Cómo consigue la zorra que el lobo muera? (pág. 43)

2 Mientras que **el lobo es torpe** e impulsivo, **la zorra es astuta** y calculadora. Cita algunos momentos del relato donde se comprueben estas características de los personajes. ¿Cuál de los dos es más rencoroso? Pese a sus diferencias, ¿qué tienen ambos en común?

3 Los problemas del lobo y la zorra se inician cuando los dos animales deciden **compartir la misma cueva**. A tu parecer, ¿qué actitud deben adoptar las personas que viven juntas para llevarse bien? En caso de que no lo consigan, ¿qué es lo mejor que pueden hacer?

4 A la hora de ajustar cuentas con el lobo, la zorra opta por la **venganza** y no por el **perdón**. ¿Crees que la venganza puede ser útil en ciertas ocasiones? ¿Es un buen método para resolver problemas? Y el perdón, ¿debe darse en todos los casos? ¿Qué habrías hecho tú en caso de encontrarte en la situación de la zorra?

Alí Babá y los cuarenta ladrones

Argumento

1 La vida de Alí Babá da un vuelco cuando descubre en el bosque una cueva llena de riquezas. ¿Cómo la descubre y cómo consigue entrar en ella? (págs. 77-80) ¿Por qué la cueva está llena de oro y joyas? (págs. 80-81)

2 ¿Cómo averigua Kásim que Alí Babá es rico? (págs. 84-86) ¿Por qué Kásim no consigue salir de la cueva? (págs. 86-87) ¿Cómo muere el hermano de Alí Babá? (pág. 87) ¿Qué hace el capitán de los ladrones para averiguar si Kásim tiene algún cómplice? (pág. 88)

3 La criada Maryana se ocupa del entierro de Kásim. ¿Por qué cree la gente que el mercader ha fallecido de muerte natural? (págs. 90-91) ¿Cómo cobran sus restos mortales la apariencia de un cadáver normal? (pág. 93)

4 ¿Cómo encuentran los ladrones la casa de Alí Babá? (págs. 94-98) ¿Qué hacen para distinguirla de las otras casas del vecindario? ¿Cómo echa a perder Maryana los planes de los ladrones?

5 El capitán de los ladrones decide ocuparse en persona de acabar con Alí Babá. ¿Cómo entra en su casa? (pág. 99) ¿Por qué fracasa el plan del capitán? (págs. 102-103) ¿Cómo mueren sus ladrones? (pág. 104)

6 ¿En qué consiste el último plan de venganza tramado por el capitán? (págs. 107-108) ¿Gracias a qué pista lo descubre Maryana? (págs. 108-109) ¿Cómo salva la joven a Alí Babá y a su hijo? (págs. 109-112) ¿Qué premio recibe por ello? (pág. 112)

Comentario

1 Los dos hermanos de este cuento son muy distintos, pues mientras que **Alí Babá** es generoso, prudente y hospitalario, **Kásim** es codicioso, egoísta e imprudente. Cita pasajes del relato que demuestren estos rasgos de cada uno de los personajes (págs. 77, 81-83, 85-87, 90 y 102). ¿Crees que Kásim se comporta como un buen hermano? ¿Por qué?

2 Alí Babá recibe la valiosa ayuda de **Maryana**. ¿Qué virtudes tiene la criada? (pág. 89) ¿Por qué su ingenio es un rasgo positivo? ¿Qué lo distingue de la astucia de la esposa de «El loro chivato» o de la zorra de la fábula?

3 «Alí Babá» sería un cuento realista si no fuera porque en él aparece un **elemento maravilloso**. ¿De qué se trata?

4 En la historia de Alí Babá todos **los detalles tienen importancia**. ¿Qué terribles consecuencias tiene el hecho de que la mujer de Alí Babá le pida una báscula a su cuñada? (págs. 82-88) ¿Y la falta de aceite en la cocina de Maryana? (págs. 102-103) ¿Y la negativa del capitán de los ladrones a comer alimentos con sal? (págs. 108-109)

5 Como en la moderna **novela policíaca**, en «Alí Babá y los cuarenta ladrones» el uso de la lógica permite descubrir a los criminales. ¿En qué ocasiones emplea Maryana la lógica para desbaratar los planes de los ladrones? (págs. 97, 103 y 108-109) ¿Podemos decir que el cuento recompensa a los buenos y castiga a los malvados? ¿Por qué?

6 De la noche a la mañana, Alí Babá se convierte en un hombre rico. ¿A quién atribuye el personaje su cambio de fortuna? (pág. 81) En tu opinión, ¿su repentino enriquecimiento se debe a sus **virtudes** y **habilidad** o tan solo a la **buena suerte**?

Expresión

1 Imagina que eres periodista y que en tu diario te encargan que resumas en veinte líneas la historia de Alí Babá. No olvides que una buena **noticia** debe responder siempre a seis preguntas: qué ha sucedido, a quién, dónde, cuándo, cómo y por qué.

2 Además de entretenernos, los cuentos de *Las mil y una noches* nos enseñan muchas cosas sobre la cultura, las prácticas religiosas y las costumbres del **mundo musulmán**. ¿Cómo se llama el dios de los musulmanes? (pág. 10) ¿Qué forma de matrimonio aceptan ellos pero está prohibida en los países católicos? (pág. 90) ¿Qué nombre les dan los árabes a los baños públicos? (pág. 45) Además de para asearse, ¿con qué intención los visitan los musulmanes? (pág. 45)

3 *Alá*, *sultán*, *cadí*, *turbante*, *valí*, *dinar*, *chambelán*, *babuchas*, *califa*, *mezquita* y *cequí* son algunas de las palabras que hemos aprendido leyendo *Las mil y una noches*. Forma cuatro grupos con ellas de acuerdo con la siguiente clasificación: **a)** palabras que aluden a cargos públicos, **b)** nombres de monedas, **c)** palabras relacionadas con la religión, **d)** nombres de calzado y prendas de vestir.

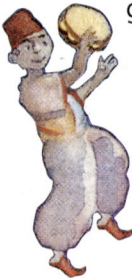

126

Las mil y una noches

Pocos libros en la literatura universal ensalzan el poder persuasivo de la palabra y celebran el valor de los cuentos de transmisión oral con tanta claridad como *Las mil y una noches*, extensa colección de relatos creada entre los siglos v y xv por tres pueblos orientales: el indio, el persa y el árabe. En Europa, la obra fue difundida por el orientalista francés Jean Antoine Galland, quien, tras descubrir un manuscrito de *Las mil y una noches*, decidió traducirlo y engrosarlo con otros relatos orientales que le dictó de viva voz un médico sirio. El trabajo de Galland se publicó en París entre 1703 y 1717, obtuvo un éxito rotundo en toda Europa y determinó la imagen exótica y deslumbrante que Occidente se ha forjado a menudo del mundo oriental.

Las mil y una noches intercala sus varios cientos de cuentos en una historia marco que cuenta cómo el rey Sahriyar, tras convencerse de que las mujeres son infieles por naturaleza, jura casarse cada noche con una joven virgen y ejecutarla al amanecer. El rito se cumple durante años, hasta que Sahriyar se desposa con la joven y sabia Sahrazad, quien emplea su prodigioso talento narrativo para librarse de la muerte. En su noche de bodas, la muchacha le explica a su marido un cuento que no llega a concluir, por lo que el rey le perdona la vida a fin de conocer el final de la historia. Durante tres años, Sahrazad emplea la misma estrategia noche tras noche y, a través de la palabra, logra enamorar al rey y conseguir la anulación definitiva de la condena a muerte que pesa sobre ella y sobre todas las jóvenes del país.

Los cuentos de Sahrazad pertenecen a los géneros más diversos: relatos picarescos, fábulas de animales como «El lobo y la zorra», cuentos de crímenes como «Alí Babá y los cuarenta ladrones», narraciones maravillosas como «Aladín y la lámpara maravillosa», relatos de viajes como «Simbad el marino»... Por supuesto, en un libro que parece abarcarlo todo también hay un espacio para el humor, que adopta a veces la forma de chiste o anécdota, como en el caso de «Un precio justo» y «Un burro y su burro», y en ocasiones la de cuento extenso como el disparatado «Las babuchas fatídicas».